UN RÉGIMENT
DE
L'ARMÉE DE LA LOIRE

NOTES & SOUVENIRS

Publiées au Profit des Soldats blessés

PAR

L'ABBÉ CHARLES MORANCÉ

ANCIEN AUMÔNIER DU 33ᵉ MOBILES
AUMÔNIER SUPÉRIEUR DU 4ᵉ CORPS D'ARMÉE
CHEVALIER DE LA LÉGION D'HONNEUR

TROISIÈME ÉDITION

PARIS	LE MANS
VICTOR PALMÉ	LEGUICHEUX-GALLIENNE
Libraire-Éditeur	Libraire-Éditeur
25, RUE GRENELLE-S.-GERMAIN	15, RUE MARCHANDE, 15

1878

AVANT-PROPOS

En adressant cette *troisième édition* au public, nous ne pouvons nous défendre d'une certaine crainte respectueuse, quoique nous cédions aux vœux de nos amis, et nous croyons utile d'en expliquer la publication.

Les deux *premières* sont entre les mains de mes anciens compagnons d'armes, les mobiles de la Sarthe, pour lesquels j'avais écrit, et dont j'avais cru devoir raconter les souffrances héroïquement supportées et le noble oubli de la vie.

Mon but semblerait donc atteint, et ma tâche complétement achevée.

Cette *nouvelle édition* pourtant est née d'une intention pieuse et patriotique.

Depuis que la première a paru, Dieu a fait cette grande chose de ramener le prêtre au milieu des soldats ; et nous qui voyons l'accueil que ceux-ci lui font, qui apercevons pousser autour de nous les premiers germes de la moisson que d'autres recueilleront un jour, nous avons senti souvent des larmes involontaires nous mouiller les yeux, en remerciant Celui dont la Providence conduit tout avec force et douceur, le Seigneur Dieu des armées qui protége la France !...

Les malheurs des temps qui sont encore près de nous ont fait à l'état militaire une situation délicate. Le jeune homme qui sort de sa famille rencontre sur le seuil de la caserne des difficultés auxquelles il ne s'attendait pas, un travail immense, puisqu'il faut que notre pays se relève, mais auquel il n'est pas suffisamment préparé.

Eh bien ! l'amour de la patrie, le dévouement, l'esprit de sacrifice et la noble fierté française s'apprennent comme toutes choses à l'exemple des aînés.

Puisque les calamités nationales doivent élever l'âme, il ne faut pas les oublier trop vite.

J'ai vu de mes yeux toute la jeunesse de mon département, confondue dans le partage des mêmes souffrances, se rapprocher malgré les inégalités d'origine et de fortune, pour se soutenir, ne faire qu'une famille et n'avoir qu'une pensée, la défense de la patrie.

Je me plais à le raconter aux jeunes gens qui m'entourent, dont je voudrais l'âme fière, puisqu'ils portent des armes, et qu'ils devront veiller désormais à l'honneur du pays.

Et si, par mes efforts, quelques bonnes pensées naissaient dans leurs cœurs, si, à l'exemple de mes jeunes amis de l'ancien 33e, ils apprenaient l'amour de la patrie jusqu'au détachement de soi, j'aurais atteint un nouveau but, je serais trop récompensé.

Faire entrer le patriotisme par la foi dans le cœur des soldats !...

Je n'ai pas la témérité de croire qu'une telle gloire appartienne à un homme, c'est l'affaire de plus d'une vie ; mais c'est aussi une œuvre à laquelle le plus petit peut toujours concourir.

Eh bien ! ce *récit* d'un témoin et d'un ami qui a vu de près les hommes et les choses qu'il raconte, et qui a mis la vérité au-dessus de sa fidèle affection, ces pages, dis-je, plaisent aux soldats. Je recueille à leur occasion, dans nos casernes, des marques de sympathie et de gratitude dont l'accent si vrai me touche profondément.

Ces jeunes gens qui n'ont pas encore été aigris dans la mêlée voient sans passion ; ils sont bons juges ; on peut les croire, quand unanimes, ils mettent dans leur approbation tant d'émotion et de naïve gravité.

Beaucoup appartenant aux divers régiments de la garnison du Mans, le demandent chaque année au départ de la classe, et viennent me prier d'écrire sur la première page un mot aimable à l'adresse de leurs parents.

J'ai eu le plaisir de l'offrir à d'autres qui, malades dans nos infirmeries, commençaient à le copier pour l'emporter au pays.

C'est le succès du livre de réveiller ainsi ce qu'il y a de meilleur et de plus noble au fond de ces âmes encore neuves.

Cette année, un sergent-major du 104e de ligne, en garnison au Mans, estimé et aimé de ses chefs, envoyait à son jeune frère, à l'occasion de sa première communion, deux volumes avec ces mots : « Je t'adresse, en souvenir de
« ce beau jour, un livre de prières pour
« apprendre à aimer le bon Dieu, et le livre
« de notre aumônier pour apprendre en même
« temps à aimer ta patrie!... »

Pourrais-je souhaiter une plus touchante récompense de mes efforts!.....

J'ai écarté à dessein toute réflexion amère,

ce qui excite à la vengeance. A quoi bon !
N'y a-t-il pas toujours au ciel une Providence
qui rend aux cœurs l'espoir et ne se retire
jamais entièrement de la France « son soldat
sur la terre !..... »

A ceux qui demanderont pourquoi je n'ai
rien ajouté à cette *troisième édition*, la réflexion
fera comprendre qu'il y a dans un récit de ce
genre une mesure qu'il ne faut pas dépasser.
La carrière n'est pas libre à l'imagination. Ma
mémoire ne m'a rien appris de nouveau sur la
part de mon régiment à la deuxième armée de
la Loire, et aucune réclamation ne s'est élevée
contre mes souvenirs. Je n'aurais pu ajouter
un chapitre à ce livre sorti d'un seul jet, sans
exposer la vérité, sans détruire la forme et
l'expression de sa physionomie.

Mes jeunes amis de l'ancien 33°, devenus
des hommes, ont justifié le jugement de l'amitié porté sur eux. Hélas ! plusieurs morts
prématurées ont déjà brisé bien des espérances
sur des tombeaux trop tôt ouverts !...

Ma main avait tremblé lorsque pour la première fois, il y a trois ans, j'écrivais leur éloge, parce que tant que l'homme vit, la modestie doit garder ses actes : et l'amitié elle-même doit se contenir tant que la mort n'a pas enlevé à ceux qu'elle frappe le double écueil de la fragilité et de l'envie. *Et laudavi magis mortuos quam viventes.* (*Eccl.*, I, IV.) Il fallait un intérêt bien fort pour me permettre d'exposer ainsi au grand jour les actions des vivants et d'exprimer mon admiration.

Aussi ai-je été heureux quand je me suis vu justifié par des lignes comme celles-ci : « Vous
« nous faites aimer ces soldats que vous avez
« tant aimés vous-même, et votre récit tout
« simple et qu'on sent si vrai, fait plus pour
« leur gloire qu'un long plaidoyer... »

Ou bien celles-ci d'un officier professeur à l'École supérieure de la guerre :

« J'ai relu ces pages si touchantes, si tristes
« et si consolantes à la fois..... Je n'ai pas
« voulu goûter mon plaisir en égoïste, et je
« l'ai fait partager à beaucoup d'autres autour
« de moi..... Je veux vous exprimer toute

« l'émotion généreuse que nous avons éprou-
« vée.

« Que d'arguments vous opposez à ceux
« qui n'ayant jamais connu les peines et les
« douleurs d'une armée en campagne, veu-
« lent bannir le prêtre de nos rangs!... Il
« n'en sera rien, Monsieur l'Aumônier, et
« nous espérons bien que l'on trouvera toujours
« le soldat de Dieu à côté du soldat des hommes
« dans les jours de péril !..... »

Enfin on lit ce qui suit dans une lettre que nous ne pouvons résister au désir de citer parce qu'elle vient d'un très-brave officier de chasseurs, M. Paul Déroulède, qui est en même temps un charmant écrivain :

. . . .

« Eh bien ! vos souvenirs du champ de
« bataille sont eux aussi des *Chants du soldat*.
« Il y a dans toutes ces pages un accent de
« sincérité et un souffle de vaillance et de
« foi qui m'ont toujours charmé et souvent
« ému.

« Il y a aussi de la gaieté et du rire, de ce

« bon et brave rire gaulois qui est frère de la
« résignation chrétienne avec sa douce rail-
« lerie du danger. . . . . . . (1) »

Je pourrais multiplier les extraits. Ce livre m'a rattaché bien étroitement toutes les âmes que j'avais connues.

Que cette *troisième édition*, que nous n'eussions jamais espéré de voir, prenne donc sa course, avec la bénédiction d'en haut et l'appui des amis qui, comprenant la droiture de nos intentions, ne cessent pas de nous soutenir ! Qu'elle aille au delà du milieu auquel la

---

(1) Paul Déroulède s'est inspiré avec orgueil et affection des faits et dernières paroles de ses frères d'armes.

Dans ses *Chants du Soldat*, dont les éditions ne se comptent plus, il les montre avec un mâle enthousiasme :

... Marchant les pieds nus dans la neige.
. . . .
... Tombant sans une plainte.
. . . .
Mourant l'amour dans l'âme et le ciel dans les yeux.
. . . .

Et son esprit et son cœur leur ont élevé un monument du plus pur patriotisme.

première était destinée, pour consoler les familles et éveiller dans notre chère jeunesse, au cœur loyal et franc, des émotions pleines d'espérances !...

Le Mans, 2 décembre 1877.
ANNIVERSAIRE DE LA BATAILLE DE LOIGNY-PATAY
L'abbé Ch. MORANCÉ.

PRÉFACES

DES ÉDITIONS PRÉCÉDENTES

A MES CHERS COMPAGNONS D'ARMES

Les Officiers, Sous-Officiers & Soldats

DU 33ᵉ RÉGIMENT

GARDE MOBILE DE LA SARTHE

I.

Plusieurs d'entre vous me pressent de publier quelques notes qu'ils ont vues entre mes mains, notes écrites par intervalles, sans liaison, pour marquer nos anniversaires, souvenirs du champ de bataille, du bivouac ou de l'ambulance,

La pensée ne pouvait me venir de raconter notre campagne. Une plume qui a tout ce qu'il faut pour cela, nous l'a donnée, avec un vrai succès et à votre satisfaction.

Je n'ai donc à ajouter au récit de notre cher colonel qu'un chapitre, celui des sacrifices acceptés, consentis, chapitre qui a bien aussi sa gloire, car la gloire ne consiste pas seulement dans le succès ; chapitre d'expiation et d'espérance : car, si tant de familles portent un deuil dont elles ne veulent pas se relever et versent des larmes dont la source ne tarira plus, nous savons que le sang versé pour la patrie efface bien des souillures, répare bien des offenses.

Mais pourquoi, dans nos jours troublés, rappeler l'attention sur une campagne si triste ?

Ces simples notes ont plus d'un enseignement.

Un penseur a dit que le médecin, penché sur le lit des malades ou sur la couche funèbre des morts, apprenait les secrets de la vie. L'aumônier à genoux sur la neige rougie de sang, dans la plaine et sur la paille des mourants, a vu des sacrifices héroïques, admiré des sentiments qui font honneur à la nature humaine.

Trois ans se sont écoulés depuis qu'il vous

les racontait sous la tente, au jour le jour, à mesure qu'il en était l'heureux témoin, et le souvenir ne s'en est pas affaibli.

Aujourd'hui encore il est étonné de la bienveillance et de la bonté que lui témoignent, à cause de vous, des hommes graves qui se sont intéressés au 33°.

Il m'était donc difficile de refuser de vous rendre ces notes et souvenirs réunis, qui prendront place dans vos archives à côté de l'histoire de M. le vicomte de la Touanne.

On m'a demandé d'y joindre les noms et inscriptions que vous avez gravés sur les tombes de nos chers camarades.

Je l'ai fait avec un sentiment de reconnaissance que partageront avec moi toutes les familles éprouvées ; car vous n'avez épargné, à ceux que nous avons perdus, ni la prière qui soulage et délivre, ni le marbre qui glorifie.

Ce récit, dans lequel vous n'attendez de moi ni rhétorique, ni style étudié, ni aucun genre, vous est spécialement destiné, et vous me verrez à dessein cacher bien des choses qui vous honorent, puisque la sainte Écriture défend de louer ceux qui sont vivants.

Mais s'il tombe en d'autres mains, peut-être fera-t-on la remarque qu'au milieu de tant d'hommes, divers de caractères et d'opinions, je n'ai rencontré que des âmes d'élite; sur tant de pays et de chemins parcourus, recueilli que des fleurs.

Je n'ai point la mission de l'historien qui doit tout dire ou ne pas écrire.

Et puis, s'il y a eu chez nous quelques défaillances, inséparables de la nature humaine, elles ont été rares, je n'en ai pas gardé mémoire, et les impressions me feraient défaut pour les rendre.

Tout le monde ne sait-il pas, d'ailleurs, que les mobiles de la Sarthe ont fait une assez bonne figure à l'armée de la Loire, et ont conquis la confiance et l'affection des généraux sous les ordres desquels ils ont successivement combattu ?

Telles qu'elles sont, accueillez ces lignes avec l'aimable bienveillance que vous avez toujours témoignée à leur auteur. Vous y trouverez le battement involontaire d'un cœur qui vous est resté affectueusement dévoué.

9 *novembre* 1873.

TROISIÈME ANNIVERSAIRE DE LA BATAILLE DE COULMIERS.

C. M.

II

En dédiant cette seconde édition à mes frères d'armes, j'éprouve le besoin de leur exprimer ma gratitude pour l'aimable accueil qu'ils ont fait à la première.

Ce récit fidèle, où la recherche et l'art n'ont aucune part, témoignage de mon affection et de ma reconnaissance personnelles, avait été tiré à un nombre considérable d'exemplaires, et l'édition a été bien vite épuisée.

Il y a eu bénéfice pour les soldats blessés.

Aussi je remercie du fond du cœur les amis qui, dans la presse du pays et dans celle de la capitale, ont attiré l'attention sur mon humble travail dans un temps si occupé d'autres choses, et lui ont acquis tant de sympathie.

Sans doute c'est au sujet bien plus qu'à l'auteur qu'est dû le succès. Je n'ai fait que raconter, mon régiment a agi. Je raconte volontiers ce que j'ai vu, quelquefois avec douleur, toujours avec amour, et j'ai beau vieillir, il me semble que tout cela n'est que d'hier.

Je me suis absolument interdit la critique ; mon esprit n'a aucune aptitude pour cela, et assez d'autres ont discuté. Mon but n'était pas d'exposer philosophiquement ce qu'on aurait pu faire, mais ce qu'on a fait. J'avais d'ailleurs à enregistrer avec une fierté légitime d'assez glorieux souvenirs. « *Tous, officiers et « soldats ont prouvé ce que peuvent faire des « hommes animés de l'amour de Dieu et de la « patrie* (1)... »

On a vécu ensemble de longues années,

---

(1) Extrait d'une *Lettre* de M. l'amiral Jauréguiberry, préfet maritime de Toulon, à l'auteur, en date du 19 mars 1874.

pendant ces six mois ; et comme le malheur, en frappant sur les hommes, fait toujours jaillir de leur âme des vertus ignorées, des lumières inconnues, il a suffi à l'aumônier d'observer pour avoir à raconter mille choses.

Je conserve à cette nouvelle édition la même forme, la même diversité de récits, l'enchaînement des souvenirs, les contrastes, ces petits traits imprévus qui coupent le récit des batailles, ce mélange enfin de sang et d'aimables propos, de larmes et de joie naïve qui lui ont donné cette physionomie particulière qui a plu aux soldats et aux personnes étrangères à l'armée. S'il y a eu quelques bons moments, je les ai racontés.

On a dit avec raison que « la note gaie n'y dominait pas. » C'est comme la vie !... Mais les personnages y sont représentés d'après nature, et les enfants du 33ᵉ les ont reconnus, et interrompant leur lecture se sont écriés : *C'est un tel, j'étais là, j'ai vu, j'ai entendu, c'est bien cela !...*

A plusieurs épisodes on m'a fait le reproche de n'avoir pas donné d'assez longs développements. Assurément je pourrais en dire davantage. Chacun sait que la reconnaissance a des souvenirs fidèles, que les paroles coulent aisément de ses lèvres, et que les communications du cœur sont si douces qu'on s'y laisserait aller trop facilement. Cependant je n'ai pu tenir compte de ce reproche.

Il y a des choses que l'âme garde sous le scellé. — « Mon aumônier, m'écrivait un mobile du 2ᵉ bataillon, tout cela est sorti de votre cœur, mais il en reste !... » Le brave garçon a raison ; certainement, il en reste, quoique nous ajoutions plusieurs choses à cette seconde édition. Mais celui qui écrit avec le désir que son livre fasse du bien doit avoir présente à l'esprit cette pensée d'un sage : *Parlez toujours de Dieu en le louant, du prochain en l'estimant, et de vous-même le moins possible, ni en bien ni en mal.* D'ailleurs j'ai mieux aimé mettre la curiosité en éveil que de la satisfaire. Ceux qui avec moi ont vu, combattu et souffert, achèveront mon récit, et le pittoresque n'y perdra rien.

Il y a aussi des imperfections et des lacunes, et je n'ai pas eu la pensée de les effacer, ni l'espoir de les combler. Durant ce rude exercice du métier des armes, je crois bien qu'il y a eu d'autres actes généreux d'abnégation, de résignation, de courage et de mépris de la mort qui seraient dignes de ne pas tomber dans l'oubli; mais ce que je n'ai point su, je ne puis le raconter. Au moins je n'ai rien caché volontairement de ce qui peut honorer ce régiment que j'ai aimé dans ses officiers et dans ses plus obscurs soldats.

Tel qu'il est toutefois, ce livre a fait plaisir. On a daigné le donner en prix ; il a été lu au réfectoire dans plusieurs de nos grands établissements d'instruction secondaire afin de préparer à nos braves des successeurs, et pour faire servir nos infortunes passées à l'éducation de la jeunesse dans laquelle la France met son espoir.

Un ancien a dit : *Le chemin des préceptes est*

long et aride, celui des exemples est court et facile (1)... » Et la sainte Écriture : « *Souvenez-vous des anciens, interrogez votre père et il vous enseignera ; vos amis, et ils vous instruiront* (2)... »

On a bien voulu m'assurer que les réminiscences historiques et ces souvenirs religieux, qui se présentent naturellement à l'esprit du prêtre lorsque sa main tient la plume, n'avaient pas déplu. Dieu en soit béni ! Tant de systèmes creux et d'utopies dangereuses, en notre temps, cherchent à séduire les jeunes hommes, que nous nous estimerions heureux de pouvoir contribuer, pour une petite part, à tourner leur cœur vers la Vérité qui les rendra plus forts.

Enfin, j'ai su par des lettres touchantes que ce livre a été une consolation pour les pauvres mères, qui sont toujours les grandes victimes de la guerre.

---

(1) *Sénèque*
(2) *Deut.*, xxxii.

Il y a donc de quoi me récompenser bien au delà de mon faible mérite.

J'ai voulu publier ces souvenirs pendant qu'il y a encore autour de moi, ici, tant de voix pour appuyer mon témoignage. Plus tard on aurait eu peine à croire qu'en l'an de l'incarnation de Notre-Seigneur mil huit cent soixante-onzième, au siècle si vanté des lumières, de braves jeunes gens qui ne pouvaient plus marcher et ne voulaient pas abandonner leur régiment, se traînaient et mouraient dans la neige des fossés, dans leur pays, et que leurs amis et leurs frères n'avaient pas même la consolation de leur donner la sépulture sur ce chemin d'agonie.

Au premier appel d'un officier qui a beaucoup aimé et fait valoir les mobiles de la Sarthe, ses frères d'armes (1), des hommes dont les opinions ne sont pas les mêmes se sont entendus, ont concouru ensemble à faire honorer la mémoire de ceux qui sont tombés

---

(1) M. D. Mallet, rédacteur en chef de *La Sarthe*.

en défendant le pays. Le monument de Pontlieue s'est élevé, et sur le marbre et le granit on a gravé leurs noms glorieux, pendant qu'à Auvours, sous la croix qui porte jusqu'au ciel tant de patriotisme, on a réuni leurs dépouilles mortelles « comme les pièces à l'appui. »

L'aumônier, témoin ému de tant de douleurs, fier d'avoir partagé sur tous les chemins leurs épreuves et leurs périls, devait appeler sur ses chers morts des bénédictions et des prières.

C'était le complément de sa mission.

Il les avait aimés d'une affection profonde sans jamais désespérer d'aucun d'eux, gardant toujours au contraire une grande estime des ressources cachées au fond de leur cœur. Le temps et l'expérience qui désabusent des choses humaines en les faisant connaître sous leur véritable jour, n'ont point modifié ses sentiments.

Ceux qu'il a vus mourir l'ont justifié; et parmi ceux qui vivent, dans les différentes carrières où le sort les a placés, dans la magistrature, dans l'armée, dans la presse, dans le commerce, la plupart honorent en ce moment le pays. L'un d'eux, simple de cœur autant que ferme d'intelligence, a fait son apparition sur un autre champ de bataille et développé dans les plus hautes régions de la politique, auprès d'un ministre, juste appréciateur du travail, le fruit de ses études persévérantes et de ses méditations solitaires.

Malgré cela si quelqu'un, ne croyant plus à la générosité des caractères, me soupçonnait d'avoir embelli, poétisé mes sujets, exprimé avec trop d'enthousiasme mes pensées, je l'invite à venir lire les lettres que ce récit a inspirées. Je vais en publier une, une seule, noble effusion d'un cœur aussi brave à l'action que délicat dans l'expression de ses sentiments. Je supplie seulement le lecteur d'oublier le pauvre auteur trop flatté de l'ouvrage, pour n'admirer que l'âme qui sait s'exprimer ainsi.

GÉNIE
—
DIRECTION DE PARIS
—
PLACE DE PARIS
—
Circonscription des forts de l'Est
—

Vincennes, 8 septembre 1874.

« Monsieur l'Aumonier,

« J'ai reçu avec une pieuse reconnaissance
« le livre que vous m'avez envoyé, et je me
« suis mis à le savourer lentement, heureux
« de retrouver avec les souvenirs de cette
« triste campagne, le charme de votre spiri-
« tuelle bonté que j'ai tant admirée et qui fut
« si utile aux officiers du 33ᵉ mobiles.

« Chaque soir à la veillée j'ai lu un épisode
« de ce brave régiment et je trouvais le secret
« de tant de courage en vous voyant au milieu

« de *vos enfants*, prêchant d'exemple, toujours
« gai, rempli d'entrain et promenant la croix
« au milieu de la mêlée avec l'autorité calme
« et confiante du prêtre et l'enthousiasme
« d'un brave. C'est en vous voyant à l'œuvre,
« vous et vos confrères, dans cette triste
« campagne, que nous avons appris que ce
« sont toujours les plus héroïques natures
« qui se consacrent à Dieu et que notre
« courage humain n'approche pas encore du
« vôtre.

« Mais par exemple j'ai été bien étonné
« quand hier, en arrivant au Tertre-Rouge,
« j'ai vu que vous aviez tenu à donner une
« place au lieutenant du génie qui n'a réussi
« qu'à prouver son envie de bien faire. Je ne
« me suis pas reconnu, Monsieur l'abbé, dans
« le portrait que vous avez fait de moi.
« Comme toutes les natures riches, vous m'a-
« vez prêté quelques-unes de vos qualités et
« vous avez entrevu ce pauvre officier, auquel
« vous prodiguiez des soins touchants, à tra-
« vers le prisme de votre charité. Qu'importe,

« après tout, si le portrait est flatté !... Je vais
« m'efforcer de ressembler au modèle, voilà
« tout ! Vous aurez ainsi fait le bien jusque
« dans vos illusions. Vos éloges me relèvent,
« m'entraînent, et la vulgarité m'est désor-
« mais interdite. Voilà, grâce à vous, mes
« archives de familles constituées. Plus tard,
« si j'ai des enfants, je leur dirai : J'ai valu
« quelque chose autrefois, et c'est un bon
« prêtre qui m'a jugé ainsi.

« Merci aussi du fond du cœur pour les
« paroles émues que vous avez pour ma mère.
« C'est elle qui m'a fait ce que je suis !...
« Comme elle pleurerait de bonheur si elle
« pouvait lire vos pages !... Faites encore
« quelque chose pour nous, Monsieur l'aumô-
« nier, souvenez-vous d'elle quelquefois au
« saint sacrifice.

« A côté des souvenirs de bataille, j'ai
« retrouvé aussi avec bonheur le souvenir des
« jours de calme et de paix que j'ai passés
« dans cette maison bénie où non-seulement
« *on comprend tout ce qui est grand*, mais où

« règne un parfum de vertu qui grandit et
« élève tous ceux qui y séjournent. J'ai revu
« à travers vos lignes le dévouement de
« M. Vétillart à ses concitoyens, l'amitié dé-
« vouée d'Ernest et jusqu'à la bonne Madame
« Pillet à qui je dois ma guérison... (1).

« Soyez mon interprète auprès de cette
« famille à laquelle je dois tant de choses et en
« agréant pour vous, etc...

« X*** »

Puissent mes jeunes et chers compagnons d'armes, moins jeunes aujourd'hui de quatre années, en retrouvant dans ces lignes leur entrain, leur enthousiasme soutenu de courage et de patience, leurs infortunes, voir grandir leur patriotisme, travailler de toutes

---

(1) Cette brave femme, qui est attachée à la famille Vétillart depuis la naissance de son fils aîné, a perdu ses deux enfants pendant la guerre, le plus âgé à Paris, durant le siége, et le jeune Alphonse, au 33e, et elle trouvait un adoucissement à sa douleur en prodiguant ses soins maternels aux nombreux blessés qui remplissaient la maison Vétillart.

leurs forces à rendre notre pays meilleur et plus heureux, et aimer davantage, en avançant dans la vie, la foi qui est le plus fort soutien dans les grands périls et les grands revers ! *Vous aviez bien commencé*, leur dirai-je avec un grand Pape : *Puissiez-vous mieux finir encore !...* (1).

Mars 1875.

L'AB. CH. MORANCÉ,

Aumônier titulaire de la garnison du Mans

---

1) Paroles d'Innocent III au jeune Raymond.

I

De Blois à Marchenoir, par Vendôme.

> Celui qui aime
> Fait tout sans peine,
> Ou bien sa peine
> Il l'aime.
> LE R. P. P. DE RAVIGNAN.
>
> Ce qu'il faut à la France, ce sont des gens braves et de braves gens.
> J. DE MAISTRE.

Le 33ᵉ allait partir pour le théâtre de la guerre, l'heure avait sonné pour lui d'apporter sa part de courage et de sacrifices à la défense de la patrie envahie, lorsque je reçus l'invitation de l'accompagner.

Les communications difficiles, les chemins coupés ne me permirent pas d'arriver assez tôt pour partir du Mans avec lui.

Le colonel avait pris congé de Monseigneur le matin, et le soir Sa Grandeur me donnait ma mission, mes pouvoirs, avec tous les conseils que lui inspirait son cœur de Père.

Je n'emportai aucun bagage. Dans un petit sac de cuir supporté sur le côté par une courroie, mon bréviaire, quelques légères provisions, sur mon bras mon manteau, c'était tout.

J'arrivai à Blois en même temps que le régiment. Le colonel, qui avait retenu pour moi une chambre auprès de la sienne, à l'hôtel d'Angleterre, me présenta, le lendemain matin, au moment du déjeuner, aux officiers dont je devais partager la vie.

Les hommes étaient dispersés dans la ville. Ne sachant combien de temps se prolongerait notre séjour à Blois, je pensai qu'il valait mieux demander une petite place à l'hôpital général dont les trois bataillons connaissaient déjà le chemin, et attendre là le moment de l'action. On voulut bien me l'accorder, et, tout en recherchant la compagnie de MM. les officiers, je vécus avec nos mobiles malades, essayant de calmer leurs souffrances en parlant avec eux du pays et en leur adressant des paroles d'encouragement.

Combien, pendant ces jours, du 1er au 10 octobre, croisant les deux mains sur leur cœur, réconciliés, en paix, ont offert à Dieu le sacrifice de leur vie, en me chargeant de touchantes commissions pour leurs familles!

On était au début, on n'avait pas encore vu le feu, et ceux qui réfléchissaient savaient déjà ce qu'il faut aux soldats de courage.

La guerre a bien des manières à elle d'exiger le sacrifice de la vie.

Elle a des supplices muets, des morts lentes et cachées. Elle exige des victimes dont on ne parle pas. C'est pour ces morts surtout que nous donnons ces notes, afin de sauver de l'oubli tant de souffrances obscures et consenties.

Nous devions apprendre bientôt combien d'excessives fatigues nous en enlèveraient sans bruit, qui sont allés remplir les ambulances et dont mes confrères ont consolé l'agonie.

Pendant notre séjour à Blois, ceux qui succombèrent reçurent les honneurs militaires. MM. les capitaines m'accordaient volontiers une vingtaine d'hommes pour les accompagner au cimetière, et le convoi du pauvre soldat recevait sur le chemin des marques de sympathie.

Je suivais le cercueil, remplaçant la famille absente, et, plus d'une fois, je fus touché en entendant ce simple mot d'un passant :

« C'est le prêtre de leur pays; ils ne sont pas abandonnés. »

— Non, ils ne seront pas abandonnés.

Monseigneur, à la sollicitude duquel rien n'échappe, leur avait donné l'aumônier comme un fils aîné à la garde des plus jeunes.

Et, si le travail était au-dessus des forces d'un seul homme, — pour le bataillon de la Flèche, qui devait vivre séparé des deux autres, Sa Grandeur envoya bientôt un digne confrère dont ceux qui l'ont connu n'oublieront point les services.

Le cimetière de Blois fut la première étape.

Nos chers défunts ont jalonné depuis bien des chemins.

———

10 octobre. — Premier depart pour Vendôme et apprentissage du métier. Musique en tête, par un beau soleil d'automne, le défilé fut long.

Des deux côtés de la route, les hommes en blouse bleue, képi, ceinturon, pantalon d'uniforme, fusil brillant, les officiers en grande tenue. Je pus ainsi apercevoir d'un coup d'œil cette paroisse ambulante que je ne devais plus quitter et dont le drapeau était le clocher.

Accueil patriotique des habitants de Vendôme, qui viennent à notre rencontre avec leur musique.

M. le maire, qui distribuait des billets de logement, voulut bien me conduire lui-même à celui qui m'était destiné, chez le vénérable M. Caille, archiprêtre de la Trinité, qui reçut sur sa demande, dans la soirée, autant d'hommes que sa maison put en contenir.

Sur la place, les habitants vinrent chercher nos soldats. Il arriva des voitures de plus d'une lieue, se disputant le plaisir d'en loger.

Tout le monde trouva la nuit bien bonne.

Au petit jour j'offris le saint sacrifice, confessai quelques soldats de toutes armes, et j'allai sur la place où les mobiles, frais et dispos, se trouvaient réunis dans la position de la veille, comme si personne n'avait dormi dans la ville.

Nous admirâmes cette vieille cité. L'aimable réception y fut peut-être pour quelque chose ; mais rien ne nous a paru depuis aussi gracieux que Vendôme, entouré de prairies et de collines, abrité sous de beaux arbres, enveloppé, coupé en tous sens par le Loir.

Son admirable église, qu'on appelle dans le pays la cathédrale, si grandiose, et dans certaines parties si légère, était ce jour-là, inondée de lumière, recevant de ses riches vitraux toutes les couleurs de l'arc-en-ciel.

Déjà les plus agiles étaient allés jouir de la belle vue du haut de la vieille tour byzantine, à pleins cintres, dont la base remonte à l'ère carlovingienne. Ils racontaient merveille de la sonnerie, et le digne archiprêtre, devinant notre curiosité, fit sonner le bourdon au départ.

Et le clairon sonna la marche.

Chacun, du fond du cœur, adressait mille remerciements à la ville hospitalière.

En quittant le dernier faubourg, la route serpentait, bordée à droite et à gauche de peupliers dont les feuilles jaunies et desséchées, tombées au vent d'octobre, craquaient sous nos pas.

Pays riche et varié, qui ne ressemblait en rien à ceux que nous venions de parcourir, riante vallée où coule, dans sa majesté calme, le Loir que nos anciens historiens du Maine ont appelé *fluvium Lith*.

Ses deux bords sont couronnés de bois, parsemés çà et là d'imposantes ruines et d'intéressants débris féodaux.

Mais le temps n'était point aux paisibles descriptions du voyageur, et l'aumônier n'a pas pris de notes.

A la montée, la marche se ralentit un peu. Le lieutenant que j'accompagnais fit chanter par un de ses hommes, dont la voix était remarquablement belle, une bonne chanson guerrière. Plus haut, un flageolet jouait un air très-doux.

Hélas! la mort a fermé la bouche des musiciens, et ce lieutenant, dont nous aurons à reparler plus tard, n'est pas revenu non plus.

Au haut de la côte, en avant du village de Coulommiers, un officier me prit à part, et, me désignant du doigt un homme, me dit :

« Méfiez-vous de ce mobile, Monsieur l'au-
« mônier, je lui ai entendu dire tantôt que la
« première balle de son fusil serait pour un
« prêtre.

— « Laissez-moi faire, mon lieutenant,
« n'en dites rien à personne. Le colonel gron-

« derait certainement, punirait peut-être. Ce
« soldat s'aigrirait davantage, et ceux qui
« pensent comme lui, car il n'est pas seul sans
« doute, ne manqueraient pas de prendre parti
« contre moi. Merci, on va voir. »

Avant de m'éloigner, je le regardai attentivement. A vrai dire, si je ne lui avais pas encore inspiré confiance, il n'avait pas une figure qui prévînt en sa faveur.

Mais était-il si coupable, ce jeune homme ?

Depuis des mois, des hommes qui n'aimaient pas la patrie avaient semé les plus odieux mensonges.

Jusqu'au fond des campagnes, on était venu dire aux petits et aux simples que c'étaient leurs curés et les familles les plus honorables qui faisaient faire la guerre et envoyaient de l'argent aux ennemis de la France. Beaucoup n'en croyaient rien sans doute, mais on se désaffectionnait, et l'armée n'était pas épargnée par ces semeurs d'ivraie qui voulaient élever un mur de haine entre le prêtre et le soldat, si bien faits pour se comprendre.

Mais au camp, on eut bientôt fait justice de ces entreprises coupables. Sous la tente comme au feu, le soldat voit bien vite où sont ses amis. Il n'en a pas de meilleurs que ceux qui partagent et lui font bénir sa destinée.

A la grande halte, je retrouvai mon jeune mobile seul, sur des feuilles mortes, essuyant soigneusement son chassepot. J'allai m'asseoir auprès de lui : et, frappant légèrement sur son épaule, je lui demandai à examiner son fusil.

« Mon ami, lui dis-je, je vous fais mon com-
« pliment, cette arme vous fait honneur ;
« mais vous avez dit ce matin une mauvaise
« parole. Vous voudriez que sa première balle
« fût pour un prêtre. Vous ne pensez pas
« cela. Il est trop tôt, vous seriez repris, on
« vous fusillerait peut-être à votre tour et ce
« serait grand dommage, un brave garçon
« comme vous. Si pourtant vous y tenez,
« voici le conseil que je vous donne, dans
« votre intérêt. Au premier jour de bataille,
« je serai à votre tête, en face de l'ennemi.
« Eh bien ! vous viserez sur moi, personne
« n'en saura rien. Prévenu, j'aurai fait un
« acte de contrition avant de m'y rendre. Et
« quand plus tard vous serez vieux, mon ami,
« ce sera une consolation pour vous de savoir
« que le prêtre que vous aurez tué vous aura
« pardonné avant de mourir. »

Je l'embrassai et m'éloignai rapidement.

Il ne pleurait pas, il sanglotait.

Je fus un mois sans le revoir.

Lorsque je le rencontrai, c'était le 9 novembre. Le 3ᵉ bataillon allait en tirailleurs en avant de Cheminiers. La position n'était pas précisément sans danger. Je l'aperçois près de moi, et mon premier mouvement fut désagréable. Je lui demandai d'une voix que je m'efforçai de rendre calme :

« Que faites-vous ici ?

— « Ce que je fais, mon aumônier, vous
« devriez bien le voir, je me place entre les
« balles prussiennes et vous. Vous n'avez pas
« mangé depuis ce matin.

— « Comment le savez-vous ?

— « Oh ! tout ce que vous faites, je le sais ;
« j'ai chapardé des pommes de terre, elles
« sont cuites, mangez-en. »

Je pris deux pommes de terre et lui serrai la main sans répondre. Une larme brillait dans ses yeux.

Nous fûmes, peu après, séparés, il suivit sa compagnie et je le perdis de vue.

Le soir, dans un cellier, sur la paille, je le retrouvai horriblement blessé, la bouche convulsionnée, serrée, dévoré par une fièvre ardente. Je m'agenouillai près de lui, l'administrai, et lui prenant la main :

« Mon ami, reconnaissez-moi, je vous en
« prie ; c'est moi, vous savez, votre vieil
« ami, ouvrez donc les yeux, serrez-moi la
« main... »

Il souleva légèrement ses paupières, me reconnut, serra et retint ma main. J'essuyai une larme qui coulait sur ses joues et je ne l'aurais certainement pas quitté, mais on vint me prévenir que près de là un mobile nommé Gaulupeau, de la 2° compagnie du 2° bataillon se mourait.

Il avait la base inférieure du crâne brisée, j'essayai de lui donner tous mes soins ; mais lorsque je revins à mon pauvre cher ami, ses souffrances étaient finies ; son âme était rendue dans l'éternelle paix du Seigneur.

A peine réuni, en quittant Vendôme, le régiment fut aussitôt dispersé, et la précieuse connaissance de mon monde, que je voyais en si bonne voie, fut retardée pour un temps. Il me fallait plus d'un jour pour visiter rapidement toutes les compagnies d'un seul bataillon. Une voiture que mit gracieusement à ma disposition le bon curé de Saint-Léonard, me permit d'aller voir la compagnie de Montlibert, à Sainte-Gemmes, Martin, à la Chapelle-Enchérie, celle d'Épieds, et je revins avec le gros du 3ᵉ bataillon à Saint-Léonard et à Marchenoir.

II

De Marchenoir à Blois. — De Blois à Marchenoir. — Petit séminaire Saint-François. — Écoman. — Morée. — Jusqu'à la bataille de Coulmiers.

> La pensée d'un sacrifice honore la vie et rend la terre habitable aux gens de cœur.
> Frédéric OZANAM.
>
> Toute notre paix, dans cette vie, consiste plus dans une souffrance humble que dans l'exemption de la souffrance. Qui sait le mieux souffrir possédera la plus grande paix.
> *Imit.*, II, III.

Marchenoir, à tort ou à raison, n'est pas resté dans le souvenir du 33ᵉ comme un séjour hospitalier.

A peine arrivé, j'apprends que sous l'escalier de la gendarmerie abandonnée, deux mobiles de Loir-et-Cher, dont le régiment nous avait précédé, se mouraient, manquaient de tout. J'y cours sur-le-champ. Couchés sur une paille infecte, leurs blouses blanches souillées, ils n'avaient qu'une mauvaise couverture pour se garantir du froid.

Aucune ambulance n'existait encore dans la ville, et les habitants, occupés dans leurs maisons pleines de troupes, ne pensaient guère aux voisins. Ce fut grâce à l'énergie du colonel et aux menaces qu'il fit à la mairie, que je pus procurer à ces pauvres enfants, frappés par la variole dans leur département et en défendant leur pays, un lit et des draps blancs pour mourir.

A mon passage à Blois, Monseigneur, qui m'avait accueilli avec une bienveillance toute paternelle, m'avait dit : « On ne m'a pas encore « demandé un aumônier pour le 75e mobiles « (Loir-et-Cher), mais vous ne distinguerez « pas entre les blouses blanches et les blou- « ses bleues » (1).

Après bien des marches, le 3e bataillon arrivait le dimanche matin, 16 octobre, par Autainville, aux environs l'Écoman, le 2e à Morée.

---

(1) Jusqu'à la distribution des vareuses et des capotes, c'est par la couleur de leurs blouses qu'on distinguait les hommes de ces deux régiments.

Nous comptions bien nous reposer un peu, et chacun prenait ses dispositions pour la nuit. Un lieutenant du 3ᵉ m'offre, à côté de lui, sur de bonne paille bien fraîche, une place qui est acceptée de grand cœur.

La ferme était spacieuse. De l'eau abondamment, et tout autour de la grande cour, les hommes assis devant les popotes se disposaient à souper.

L'installation était à peine achevée qu'on entend des coups de fusil et l'ordre arrive de rentrer immédiatement au village, où nous attendons plusieurs heures, sous la pluie, le moment de partir pour Blois.

L'étape fut bien longue, pour nous huit lieues, pour plusieurs compagnies détachées et pour le 2ᵉ bataillon dix et douze lieues, la nuie, pluie battante. Plusieurs souffrirent beaucoup.

A la grande halte, à Oucques, nous remplissions les maisons sans trouver où nous asseoir.

Des soldats épuisés tombaient sur les mètres de pierres le long de la route, et il fallait les laisser sous la pluie.

Hæc initia dolorum.

Ce spectacle, on l'a vu souvent sans pouvoir s'y faire. C'est une de ces douleurs auxquelles on ne s'accoutume pas.

Nous arrivons enfin à Blois, trempés, couverts de boue.

Au poste installé dans le bureau d'octroi, un garde national se propose de me conduire au petit séminaire de Saint-François, et la 7ᵉ compagnie du 3ᵉ bataillon qui venait derrière moi y fut reçue tout entière avec une cordiale hospitalité que nous n'oublierons jamais. M. le supérieur, afin d'augmenter le nombre des places, fit aligner les matelas sur le parquet des dortoirs, et trois hommes purent reposer sur deux lits. Les bonnes sœurs de Ruillé-sur-Loir, qui tiennent la lingerie et l'infirmerie de la maison, blanchirent leur linge, firent la cuisine, s'ingénièrent de toutes les façons pour les délasser de leurs fatigues.

Par un heureux effet du hasard, dans cette 7ᵉ compagnie composée en partie des hommes du canton de la Chartre, se trouvaient les mobiles de Ruillé-sur-Loir, de Poncé, et des environs. Naturellement doux, ils répondirent aux bons soins des religieuses par des prévenances aimables, puisant l'eau, fendant le bois, utilisant enfin, pour le bien-être commun, tous les moments que leur laissait l'exercice.

Pour l'aumônier qui vit au camp parmi tant de distractions, ce fut une heureuse chance de se reposer quelques jours dans cette digne maison. La conversation élevée des confrères charitables, pieux et instruits qu'il y rencontra, retrempa ses forces, fortifia son cœur pour les combats qui ne devaient pas se faire attendre.

La caserne neuve, que nous visitions chaque jour, et où le reste du régiment était installé, n'était pas un séjour agréable. Nos mobiles, dévorés la nuit par les punaises, n'y prirent aucun repos et la quittèrent avec joie. Aussi recommandions-nous à la 7ᵉ de ne rien dire aux camarades du bien-être de Saint-François.

Il ne faut jamais entretenir de son bonheur de plus malheureux que soi.

Dans la loge du concierge, au petit séminaire, se tenait le poste. On y rédigeait les correspondances et la veillée s'y prolongeait quelquefois.

Un soir, je revenais assez tard de la chapelle, située au fond du jardin; au bas du grand escalier un mobile m'attendait :

« Mon aumônier, voudriez-vous me rendre
« le service de m'écrire une lettre ?

— « Volontiers, mon ami, mais quelle
« lettre ? Vous savez, je ne sais pas les faire
« toutes.....

— « Justement, mon aumônier, c'est à ma
« payse que je voudrais écrire.

— « Mais, mon garçon, pourquoi vous
« adresser à moi ? Je ne suis pas très-adroit
« pour ces sortes de correspondances ; un
« camarade réussirait beaucoup mieux.

— « Faites excuse, mon aumônier, un ca-
« marade, je ne m'y fierais pas ; je ne sais
« point lire. Il ferait rire de moi et peut-être
« manquer mon mariage. Mais vous, Mon-
« sieur, j'ai tant de confiance en vous, que je
« sais bien que vous ne mettrez que ce qu'il
« faut dire, et l'on sera content.

— « Eh bien ! asseyons-nous sous le gaz et
« dictez-moi vous même. »

Sur la table du poste, qui servait de lit de camp et où ronflait du meilleur sommeil le gardien de la veille, la missive est bientôt rédigée *comme il faut*.

— « Par quel mot finir, mon garçon ?

— « Si j'osais, mon aumônier, faudrait lui
« dire que je l'embrasse ainsi que sa famille.

— « On va le mettre, c'est bien innocent.
« Et après ?...

« Après... que je suis son petit mobile pour
« la vie !... »

Lorsque arriva l'ordre de repartir, nous étions reposés, ou ce qu'on appelle troupe fraîche. Tout le monde fut sur pied en un instant.

Dans le vestibule se faisait la distribution des vivres et je pris la précaution de me munir de biscuits. J'essayais de les faire entrer dans mon sac de voyage, que mon bréviaire remplissait à demi, lorsque le petit mobile se présente.

« Je vais vous les porter, mon aumônier,
« c'est bien la moindre des choses. »

Il les prend, entr'ouvre sa musette où j'aperçois avec épouvante une pipe culottée, sa blague idem, des chaussettes conformes. Puis, me regardant d'un air sûr de lui-même : « Ne vous effrayez pas, vous allez voir. »

Et il les enveloppa dans... son bonnet de coton !...

Il arriva que le soir, je n'avais pas faim.

Le trajet ne fut point gai. On retournait vers ce Marchenoir d'où nous ne pouvions sortir.

Un vent froid dépouille les arbres, et l'hiver n'est pas loin.

On campe à Pontijou. Il est cinq heures du soir, la nuit vient, chaque bataillon prend son campement, tâchant de se caser le mieux possible.

Les tentes sont dressées, les ordinaires constitués, le vent apporte une bonne odeur de soupe, et la faim est à son comble.

Dans une grange, le sergent-major Albert Lemeunier, dont je devais plus tard apprécier le franc caractère, me trouve une place à côté de lui.

Ceux qui n'ont vu la guerre que dans les livres ne se feront jamais une idée de l'accueil qu'on fait à une bonne botte de paille, dans une grange, quand on a dans les jambes sept à huit lieues et devant soi quelques bonnes heures pour dormir, sans s'inquiéter du temps qu'il fera pendant la nuit.

Cédant aux influences de la fatigue et de la chaleur, on allait s'endormir, et le sentiment de l'existence s'affaiblissait peu à peu, lorsqu'à dix heures, les clairons sonnent la diane et la marche du régiment.

« Mais c'est insupportable, cela » s'écrie-t-on de tous côtés ! « c'est *démoralisant !...* » Insupportable ou non, il faut se lever et marcher quand même. Pour descendre du sommet de la paille, jusque sous le toit où nous avions grimpé, on se laisse glisser sur la pente, quelques-uns sur le dos, d'autres sur le ventre. Surpris dans leur premier sommeil, plusieurs se précipitent, dégringolent en spirale ou tombent les pieds en l'air. Tout le monde se secoue, se *remoralise* et se met en mouvement. Le colonel donne des ordres, on va repartir pour Marchenoir.

Mais un grand embarras m'arrête. Mes pieds, gonflés dans la chaleur de la paille, refusent absolument d'entrer dans mes chaussures. Hélas ! je ne fus pas le seul, cette nuit-là, qui fit l'étape sans ses souliers.

Le temps était glacial et nous arrivons transis à Marchenoir où nous attendait la première vue du sang et des victimes de la guerre.

Trente-sept francs-tireurs, attardés à Binas, avaient été surpris par les Prussiens, massacrés, hachés à coup de sabre. Le curé, déguisé en blouse et dont la tête avait été mise à prix, vint nous prévenir qu'il en avait ramassé deux qui donnaient encore signe de vie et qu'il allait nous les faire apporter.

Les malheureux étaient restés vingt-quatre heures couchés dans la plaine auprès des corps de leurs camarades, sous la pluie, sans faire aucun mouvement, n'exprimant aucune plainte dans la crainte d'être achevés par leurs implacables vainqueurs, maîtres de tout le pays.

Le curé pouvant donner, sur l'état des lieux où nous nous trouvions, de précieux renseignements, je le conduisis au commandant de Musset.

Les habitants ne répondaient aux questions qu'on leur adressait que par des faux-fuyants et des ambiguïtés qui n'apprenaient rien.

Par une singulière coïncidence, cet ecclésiastique, nommé Ramaugé, originaire du diocèse du Mans, était fils d'un ancien fermier du domaine de Cogners. M. le marquis et lui se retrouvaient, après plus de trente ans peut-être, dans de singulières circonstances.

Les deux francs-tireurs furent déposés dans une auberge de Saint-Léonard, où ils reçurent les soins du docteur Plu, qui pensa toutes leurs blessures.

Auprès de ces malheureux mutilés, je rencontrai, pour la première fois, le sous-lieutenant de la 6ᵉ du 3ᵉ bataillon, qui depuis, s'est tant effacé en faisant valoir ses frères d'armes. La délicatesse exquise avec laquelle il aida le docteur, et une larme qui tomba de ses yeux sur ces blessures, me révélèrent son cœur tout entier.

C'est par le cœur que l'homme vaut.

Auprès des douleurs qui ont besoin d'être consolées l'on connaît bien les hommes ; car les occasions ne les rendent pas meilleurs, elles montrent seulement ce qu'ils sont.

La variole commença bientôt ses ravages dans les compagnies. Chaque matin, le docteur expédiait sur Blois les premiers atteints. Un jeune clairon d'Écommoy demande à me faire ses adieux et quitte, en pleurant, ses camarades. Nous ne devions plus le revoir, il est mort dans sa famille.

Le dernier jour d'octobre, la pensée me vint que j'allais peut-être payer cher mon tribut, et sans rien avoir fait, au début, être obligé de me séparer de mon cher 33ᵉ. Cette crainte fut plus cruelle que la mort.

M. le curé de la Colombe vint me chercher dans la grange où j'avais trouvé un asile, se priva pendant deux jours de son lit et me prodigua les soins d'une affectueuse charité.

Ces deux jours suffisent pour me refaire et je rejoins le 3ᵉ bataillon à Écoman.

———

Le 3 novembre au soir, c'était la veille de la fête de mon saint patron. J'envoie l'ordonnance, assez débrouillard lorsqu'il s'agissait de vivres, à la recherche d'un peu de pain. Impossible d'en trouver à aucun prix. Un reste de lie de vin et un morceau de biscuit, ce fut bien tout. Il fallait se contenter ainsi ou souper *par cœur*. Et vive mon saint patron quand même !!...

Au moins, je m'endormis avec l'espérance de célébrer, le lendemain, la messe.

Mais j'avais compté sans le brave capitaine D..., du 75ᵉ, qui commandait le détachement et avait fait de l'église une prison. On était suffoqué en y entrant par une odeur de pipe, de corps de garde, odeur *sui generis*, qu'on n'est point accoutumé de rencontrer au saint lieu.

Le capitaine, de bonne composition, voulut bien se contenter pour ses prisonniers, de la tour carrée et spacieuse. L'église fut réouverte à la prière et aux saintes fonctions du culte.

Ce capitaine, austère pour les autres, ne s'épargnait pas lui-même. Sec, froid, constamment tourné vers le Nord, il pratiquait largement ce qu'il exigeait d'autrui. J'eus avec lui plusieurs entretiens qui m'impressionnèrent et me firent entrevoir l'insuccès de nos efforts.

Je me suis souvent rappelé ses paroles :

« On sera brave, héroïque, si vous voulez,
« on se fera tuer, c'est bien ! mais on sera
« vaincu, fricassé, c'est fatal ! »

Cette pensée m'était bien venue déjà, mais l'homme a tant besoin d'espoir !

Si, dans l'intimité, dans nos réunions d'état-major, où chacun des officiers du 33ᵉ exprimait en toute liberté sa pensée, nous échangions nos craintes, jamais les mobiles n'en ont eu connaissance. Les marques de découragement sont contagieuses et funestes. Et puis, quelles que fussent nos inquiétudes au commencement de novembre, en songeant aux malheurs présents, nous étions loin de prévoir la série de désastres par lesquels nous devions passer.

A Écoman, M. de Rougé ouvrit généreusement sa table, chaque soir, aux officiers campés dans les environs.

Nous y rencontrâmes une partie de ce beau 75e, si brave, dans lequel la guerre avait déjà marqué tant de victimes, et, en particulier, le jeune et sympathique lieutenant Quentin, dont il sera parlé plus tard.

Le 6 novembre, j'allai conduire une voiture de malades du 2e bataillon, et un mobile du 3e, originaire du Grand-Lucé, dont les pieds refusaient tout service, dans la maison d'école des sœurs de Morée. Après être resté quelques heures pour recevoir leurs adieux, en confesser plusieurs, serrer une dernière fois leurs mains, je vins m'asseoir sur la colline d'où s'élève majestueusement l'église et d'où la vue s'étend délicieusement dans la vallée, en face de cette vieille tour de Freteval flanquée là, dans les bois, au-dessus du Loir, comme un nid d'aigle.

Ce paysage triste et sévère, avec ses teintes d'automne et ses arbres dépouillés, était en harmonie avec les dispositions de mon âme. C'était l'emblème trop vrai de la vie humaine dont les fleurs et la fraîcheur de la jeunesse font bientôt place aux maladies et à la mort. Les hommes n'ont pas besoin de se détruire; la vie et la mort se touchent ; entre elles tout au plus l'espace d'une saison.

Protégé, contre le vent du nord, par un vieux mur en ruines, au couchant de l'église, je voulus me donner la consolation, devenue bien rare, de réciter mon bréviaire.

Singulière et heureuse coïncidence ! ce jour-là l'Église faisait la fête de saint Romain, neveu de saint Julien du Mans, un des patrons de Morée et dont le souvenir s'est conservé dans le bas Vendômois ! Dans la 5ᵉ leçon de l'office de Matines, on lit ces paroles :

Postquam autem limina Apostolorum visitasset, aliaque exercuisset opera, rediens per pagum Vindocinensem, in villa quæ dicitur Mauriacas, super fluvium Lith, nobilis cujusdam filium pene animam efflantem pristinæ restituit sanitati

4

oblatamque pecuniam constanti animo respuit.
Multos alios ægros ab infirmitatibus liberavit (1).

Je m'arrêtai un instant tout ému ; des larmes me montèrent aux yeux.

Jamais ce passage ne m'avait frappé.

Saint Romain, ces enfants que je suis venu conduire ici, qui succombent sous toutes les fatigues, dans cette lutte inégale et héroïque, appartiennent à la France sans doute ! mais ne sont-ils pas plus particulièrement les fils de ce diocèse du Mans qui vous invoque en ce jour ?

Dans ce même Morée où vous avez guéri les malades, retenu dans un corps fragile une âme impatiente d'en sortir, gardez-les, protégez-les, rendez-les à leurs familles et à notre pays !

Mais si l'un d'eux ne devait pas revenir, s'il faut qu'il meure ici, loin de ceux qui l'aiment, de cette mort qui brise le cœur des mères, que sa dernière heure soit environnée de toutes consolations !...

---

(1) Après avoir visité les tombeaux des Apôtres et satisfait sa piété, en passant dans le Vendômois, dans un village appelé Morée, sur la rivière du Loir, il rendit la santé au fils d'un seigneur qui venait de mourir et il refusa l'argent qu'on voulait lui faire accepter. Il guérit beaucoup d'autres malades.

De Morée, je revins au 2ᵉ bataillon.

J'avais été chargé, par M. l'Archiprêtre de Vendôme, de remettre une somme de 80 francs à deux mobiles de la 4ᵉ compagnie, avec la famille desquels il était en relations de travail.

Le plus jeune, presque un adolescent, d'une aimable modestie, laissait voir un désir bien accusé de faire son devoir, sans arrière-pensée d'ambition, pour revenir ensuite sous la direction de son père et d'oncles vénérés, reprendre ses paisibles études.

L'aîné veillait sur lui avec une tendresse paternelle, ne le perdait pas de vue, le soulageait dans la mesure du possible.

Mais l'enfant ne s'épargnait pas.

Les pieds malades, il eût pu obtenir un billet d'ambulance. Il ne voulut point s'arrêter. La douceur n'exclut pas le courage.

L'autre, l'ancien, comme disaient ceux de l'escouade, s'apercevant sans doute de la surprise que me causait le contraste de leur physionomie :

« C'est mon neveu, dit-il, c'est l'espoir
« d'une maison. Je ne suis pas marié, pou-
« vais-je voir partir *cela* sans le suivre ? J'ai

« pris dans la mobile de la Sarthe un engage-
« ment qui me permet de l'accompagner. Je
« mourrai pour lui si je puis. Mais si Dieu
« permettait qu'il fût frappé, je le mettrais sur
« mes épaules et le rapporterais à sa mère. »

Ce vieux sergent fut admirable.

Hélas! quand l'heure est venue pour un pays d'une de ces grandes expiations voulues par la justice divine, les précautions des hommes sont impuissantes.

Joseph Reboursier avait son nom marqué en toutes lettres sur ses effets.

Un mois plus tard, ils furent séparés dans la mêlée ; le cher enfant tomba, glorieusement, mais mortellement blessé, éloigné aussi de ses camarades que repoussait le vainqueur.

Tous les efforts pour retrouver son corps ont été infructueux.

Pendant l'armistice, muni d'un laisser-passer que lui obtint le colonel, M. Barbe vint de Laval autour de Beaugency pour chercher son corps et le rendre à sa famille.

Il visita toutes les ambulances, tous les registres de l'état civil. Aucun renseignement, aucune donnée probable sur le lieu où repose sa dépouille mortelle.

Mais en quelque endroit que la main des hommes l'ait placée, elle est sous le regard de Dieu. Et je ne puis douter que ce Père de toute bonté, qui avait déposé dans le cœur de cet enfant chéri tant de force pour supporter la fatigue et de foi pour la lui offrir, n'ait rempli sa dernière angoisse de grâce et de consolation !...

Le soir, au même bataillon, première rencontre du capitaine qui devait bientôt veiller avec une sollicitude bienveillante et soutenue sur les besoins matériels de ma vie.

L'aumônier, qui ne pouvait avoir de tente à lui, — deux bataillons, quelquefois séparés, partageant sa sollicitude, — était reçu partout comme un frère ; et jamais il n'exprimera parfaitement à MM. les officiers des 2ᵉ et 3ᵉ bataillons la reconnaissance que son cœur en garde. Mais, revenant de visiter une compagnie détachée, une grand'garde lointaine, il était certain de trouver à toute heure, sous une tente spéciale, un abri, un peu de paille où s'asseoir, sans jamais craindre d'être indiscret.

Que la modestie de ce compagnon d'armes ne s'effraie pas. Je ne le nommerai point ; on ne fera pas ici son éloge. Plus le portrait serait fidèle, moins il se reconnaîtrait.

Et nos officiers, justes appréciateurs de leur frère, le voyant si ferme dans sa foi, si austère dans ses mœurs, si patient dans la fatigue et si intrépide au combat, approuvèrent le choix de l'aumônier.

———

Les contrastes abondent dans la vie du soldat.

S'il voyait souvent la vérité de cette parole du saint Livre : *extrema gaudii luctus occupat*, quelquefois aussi, après des larmes et au milieu des pensées les plus sérieuses, le grotesque se présentait.

C'était rare chez nous.

Nous n'en connaissons qu'un exemple que nous avions omis à dessein, à sa date.

On nous demande de ne pas clore ce chapitre sans le donner.

C'était au temps du Jaunet (1).

Un homme étranger à notre département et qui, de passage à Vibraye, avait suivi la mobile de la Sarthe, où tout faisait croire qu'il de-

---

(1) Ferme de la commune d'Écoman, occupée par deux compagnies du 3ᵉ bataillon.

viendrait un bon soldat, venait de se tuer par maladresse.

Aidé de ses camarades, je venais de lui rendre les derniers devoirs, j'avais mis sur son corps un drap blanc, déposé à ses pieds de l'eau bénite et récité une dernière prière en attendant l'inhumation du lendemain.

Ce fut pour nous la première vue de la mort. Il fallait bien s'y faire. Ce serait lugubre si la religion ne jetait sa pleine lumière et ses espérances là-dessus.

Je rentrais donc au campement, assez peu disposé à rire et l'esprit tout plein des malheurs de la guerre.

Le long du chemin, sur la lisière de la forêt, tous les postes m'arrêtèrent militairement, demandant le mot d'ordre et faisant la reconnaissance en bonne forme.

Les moblots savaient déjà leur métier comme des vieux à trois brisques.

A une faible distance du village, la pluie qui tombait fine et pénétrante, m'empêchant de poursuivre plus loin, j'entre au dernier poste pour y attendre un temps meilleur.

Le sergent fit bon accueil.

Assis tous deux, nous causions de choses et

d'autres, du pays probablement, lorsque arrive une grande jeune fille au maintien équivoque qu'un examinateur plus expérimenté eût facilement prise pour une aspirante cantinière.

Elle avait en effet à la main une bouteille dont la couleur trahissait le contenu et se disposait à en offrir autour d'elle. Mais nos mobiles n'approchaient point. Me regardant d'un air assez piteux, ils ne répondaient pas du tout à ses avances.

Elle avait bien jeté de mon côté un œil inquiet ; mais ma barbe déjà longue et mon manteau de caoutchouc me faisaient facilement prendre pour un officier.

Et l'embarras des hommes allait croissant.

Afin de sortir de cette position avec honneur, je me levai, et prenant les plus gros yeux :

« Mademoiselle, lui dis-je, vous vous êtes
« trompée d'adresse. Les mobiles du 33ᵉ sont
« des garçons fort bien élevés. Je crois que
« vous perdez votre temps. »

Un petit caporal, de la mine la plus avenante et affectant un air sérieux qui donnait une envie terrible de rire, s'avance :

« Mais, mon aumônier, si on la faisait re-
« conduire à son père ?... »

Et les mobiles ajoutaient : « Certainement,
« c'est pas nous qui l'*attire*...

— Vous la connaissez donc ?

— Mais oui, c'est la fille du sacristain de X...

— « Du sacristain ! mais c'est très-grave
« cela, Mademoiselle, vous qui devriez donner
« le bon exemple à la paroisse. — Sergent,
« renvoyez donc Mademoiselle par le caporal
« et quatre hommes chez son père ; qu'on dise
« à celui-ci de lui donner le fouet et qu'elle ne
« revienne plus. »

Aussitôt fait que dit. Quatre hommes mettent rapidement sac au dos, baïonnette au bout du fusil et « en avant ! »

Arrivés au bout de la cour qui donne sur le village, le petit caporal, résolu comme un troupier, crie « halte » et revient à moi.

Une main à son képi et de l'autre frisant sa petite moustache noire — du même âge que ses galons :

— « Mon aumônier, permission, s'il vous plaît, de donner le fouet nous-mêmes ?

« Cela, mon caporal, c'est au-dessus de
« mon pouvoir ; c'est une fonction essentielle-
« ment paternelle. »

Cette histoire eut bientôt fait le tour du pays.

Le bon curé de la paroisse m'assura que je lui avais rendu service en faisant donner en passant une leçon bien méritée.

On la raconta à la brigade et un officier d'état-major, que je rencontrai peu de temps après, me dit :

« On se demande, Monsieur l'aumônier, si
« vous affirmeriez bien que le châtiment n'a
« pas été infligé par vos hommes ?

— « Mon lieutenant, assurez bien le gé-
« néral qu'au 33ᵉ on ne connaît que la con-
« signe. »

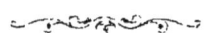

III

Coulmiers

> Le plus sûr moyen de paraître
> brave, c'est de l'être.
> XÉNOPHON.
>
> On craint moins la mort quand
> on est tranquille sur ses suites.
> MASSILLON.

Le 33ᵉ, fatigué de marcher jour et nuit depuis deux mois, sans user son chemin, vit luire avec plaisir le jour de la bataille.

Le 8 novembre, vers 9 heures, le régiment réuni vint se ranger à Colombe et sur la route, depuis ce village jusqu'au hameau de la Gandière.

Il se dirigea lentement, en colonne, sur Ouzouër-le-Marché, par Binas, au travers des blés, dans cette boue grasse de la Beauce, détrempée par la pluie, d'où les chaussures ne s'arrachaient qu'avec effort.

Toute la nuit distribution de vivres — peu de paille — point de sommeil.

Malgré cela dès l'aube, les bataillons étaient debout, en bonne tenue, le plus grand silence dans les rangs.

Chacun comprenait que la journée serait solennelle.

Le soleil ne l'éclaira pas.

Les cœurs battaient, partagés entre l'espoir et la crainte. Cette troupe née d'hier, à peine formée, ces jeunes mobiles, presque des enfants, que dédaignaient les Prussiens, sans expérience du métier des armes, et qui succombaient à la fatigue, allaient jeter sur la patrie en deuil un dernier rayon de gloire.

D'Aurelle de Paladines, ce vieux soldat bruni au soleil d'Afrique, modèle de l'ancien honneur français, commandait en chef.

Dans une proclamation qu'il fit dès son arrivée, une phrase le peint tout entier :

« Ce que je vous demande avant tout, c'est
« de la discipline et de la fermeté. Je suis par-
« faitement décidé à faire passer par les armes
« tout soldat qui hésiterait devant l'ennemi. »

« Quant à moi, si je recule, fusillez-moi. »

M. le vicomte de la Touanne a tracé le portrait suivant de notre général de division :

« M. le contre-amiral Jauréguiberry est le type de l'officier de marine froid et austère, toujours le premier au danger. Son œil exprime la bonté alliée à une énergie inflexible ; sa voix est nette, et quand au feu il donne des ordres, elle vibre et vous inspire confiance. On voit, on sent en lui l'homme qui a l'habitude de lutter contre les éléments, qui, par nécessité, comme par le droit du commandement et du savoir, est roi à son bord. »

Noble et généreux caractère, à la volonté ardente, à la voix persuasive, dont le sang-froid augmente avec le danger, qui, sous l'apparence de la réserve, garde une âme ouverte aux plus douces sympathies ! Courage bien trempé qui suit d'un œil tranquille la course des obus ! Cœur qui a compris ce que valent les choses périssables et sacrifie volontiers sa vie à la défense de la justice qui ne meurt pas !

D'Ouzouër-le-Marché, nous suivons le chemin de Charsonville, que nous traversons tranquillement, et laissant à notre droite le mamelon sur lequel s'étage le village de Baccon, nous traversons la route du Mans à Orléans, et nous venons prendre position à une petite distance du bois de Coulmiers, entre la ferme de Crottes et le hameau de Cheminiers (1). A la gauche du régiment, dans la plaine, se trouve le 37ᵉ de marche ; devant lui l'ennemi. Il avait reçu l'ordre de se tenir là. A 9 heures, le premier obus prussien tombe et le 33ᵉ reçoit le baptême du feu.

Il resta là de longues heures, exposé aux coups de toutes les batteries de Coulmiers, que n'inquiétait pas encore notre première division.

Les batteries françaises étaient sur les hauteurs auprès de Cheminiers. Craignant de voir tourner sa droite, l'ennemi s'étendit de ce côté et la cavalerie tenta même une charge qui fut arrêtée net par les mitrailleuses. Pendant que nous voyions avec plaisir nos pièces s'avancer vers Champs, notre position devenait atroce ; nous étions couverts de mitraille.

Le lieutenant-colonel envoya le capitaine de Luynes au général Deplanque pour lui

---

(1) M. le vicomte de la Touanne, *Histoire du* 33ᵉ.

rendre compte de la situation. Il revint avec l'ordre de traverser le chemin d'Épieds et de nous reformer derrière le hameau de Cheminiers. Le mouvement se fit aussitôt avec un calme d'autant plus remarquable que le feu ennemi redoublait d'intensité.

C'est alors que M. de Lamandé fut tué et M. de Chevreuse blessé. Le 1ᵉʳ bataillon dut aussitôt, avec quatre compagnies du 2ᵉ bataillon, occuper Cheminiers, le créneler et le défendre à tout prix; les autres compagnies du 2ᵉ bataillon étaient ralliées en arrière par le lieutenant-colonel et le commandant de Montesson. Le 3ᵉ fut envoyé en tirailleurs en avant et sur la droite. Ce fut le moment le plus chaud de la journée. On était très-inquiet.

Enveloppé dans ces nuages de fumée, on ne sait rien, on n'entend rien que les cris des blessés, on voit le sang dont le flot monte, sans pouvoir dire à qui restera l'avantage. On fait son devoir en aveugle, attendant avec une anxiété fiévreuse le résultat du soir.

Le génie commençait en arrière un formidable épaulement de défense. En un instant dix officiers sont blessés ou contusionnés. Le sous-lieutenant Robin restait seul de sa compagnie, et, à la sienne, le capitaine de Sabran voyait tomber son lieutenant et son sous-lieutenant. Malgré tout, on se maintenait. Les compagnies restant du 2ᵉ bataillon étaient envoyées en tirailleurs sur la gauche et soutenaient ainsi le 3ᵉ.

Cependant Cheminiers brûlait, les toits s'effondraient, les hommes ne pouvaient plus s'y maintenir. Le 1ᵉʳ bataillon dut le quitter. Plusieurs de ses compagnies, n'ayant plus de cartouches, allèrent au pas de course en chercher à Épieds. Les autres se formèrent avec le 2ᵉ bataillon. La brigade Bourdillon était arrivée; à notre gauche était le 75ᵉ mobiles (Loir-et-Cher).

Là encore nous eûmes une poignante anxiété. M l'amiral venait de nous annoncer le succès du 15ᵉ corps et nous encourageait, lorsqu'une batterie qui avait été chercher des munitions se plaça derrière nous et voulut tirer sur Champs.

Mais son tir mal réglé d'abord, envoya quelques obus à 100 mètres de notre front : de là, moment d'inquiétude. Sommes-nous tournés? Le calme de l'amiral ne se dément pas, il affirme que c'est une batterie française et soutient tout le monde par son exemple. Bientôt ce feu si inquiétant se règle et M. l'amiral s'élance en avant avec le 2ᵉ bataillon sur le village de Champs qu'il enlève — la journée était gagnée.

L'exaltation du combat est tombée; mais on se retrouve avec bonheur, et c'est avec une grande joie que nous voyons le capitaine Henri Couturié revenir avec sa section. Parti avec elle en tirailleurs, le matin, il s'était trouvé séparé du régiment, lorsque celui-ci avait traversé la route du Mans. Sans perdre un temps précieux à sa recherche, il avait continué sans s'inquiéter, et de moitié avec les fantassins du brave 37ᵉ, il avait enlevé la ferme de l'Ormeteau et fait 13 prisonniers.

M. A. Boucher raconte qu'un instant les rangs s'éclaircissent dans une compagnie des mobiles de la Sarthe ; un instant leur jeune bravoure s'étonne des coups implacables et multipliés dont les frappe l'artillerie bavaroise. « Eh bien! les Manceaux! est-ce que « nous allons reculer? » crie parmi eux d'une voix gaillarde un conscrit moins ému du danger que de l'honneur de sa province. Le mot passe courageux et gai, dans tout le bataillon.

Les Manceaux ne reculèrent pas. Excités noblement au devoir par leur colonel, aidés par les exemples de leurs officiers, ils ont tenu bon.

Ils furent bientôt aguerris, et c'est avec la contenance de vieux soldats qu'ils protégèrent, à la droite de Cheminiers, la batterie qui, sous leur escorte, assaillit de ses boulets le parc de Coulmiers.

Ce fut une belle journée pour le colonel du 33e.

Dans son pays, à deux pas du berceau de ses ancêtres, du château de la Touanne, dont il porte le nom, il voit ses mobiles, si novices pour de telles batailles, lutter bravement et jusqu'à quatre heures et demie garder leur place sous les boulets des Bavarois.

Vrai soldat, il avait su les prendre. Il n'eut à réprimer ni insubordination ni faiblesse.

Il connaissait cette parole du maréchal Marmont (1) :

« Tout ce qui grandit le soldat à ses propres

---

(1) *Esprit des institutions militaires*, p. 181.

« yeux ajoute à ses facultés. Il y a mille
« moyens de varier l'expression de ses senti-
« ments ; un chef habile choisit avec discer-
« nement le moyen qui convient le mieux à
« l'espèce d'hommes qu'il a sous la main et
« aux circonstances dans lesquelles il se
« trouve... »

Une fois, montrant de la main à une compagnie le chemin qu'il fallait suivre, nous lui avons entendu dire : « En avant ! c'est par ici, les gars !... »

Et les gars l'ont bien compris.

Le courage est contagieux comme la peur.

Auprès de ceux qui avaient surmonté si vite la première impression de crainte, le prêtre comme le médecin ne peuvent faiblir.

On s'aimait déjà.

Le soldat sincère et franc ne fuit pas la vérité lorsqu'il la voit et ne craint pas de la suivre.

Tertullien dit des Romains du second siècle :
« Dans la prospérité ils se contentent de por-
« ter leurs yeux vers le Capitole ; mais l'ad-
« versité vient-elle s'asseoir au seuil de leurs
« maisons, ils s'empressent d'élever vers le
« ciel leurs regards attristés ; dans ce moment
« ils sont chrétiens... »

Cette parole est bien vraie du soldat français. La présence du danger réveille la foi qui sommeille au fond de son âme, Car sans être fervent en pratiques ordinaires; chaque jeune homme qui vient sous les drapeaux réserve au fond de son cœur un souvenir de son enfance chrétienne. Sa mémoire a retenu quelque prière apprise autrefois sur les genoux de sa mère. Aucun ne tombe blessé sans crier : *Ah mon Dieu!* Et Dieu, dit la sainte Écriture, « qui entend la fleur s'ouvrir et distingue au fond des bois le dernier souffle de l'oiseau », distingue du fracas des batailles le dernier souffle du soldat.

Le long du chemin, en marchant, sans circonvolutions ni détours, plusieurs se préparèrent.

Il m'est arrivé de frapper sur l'épaule d'un officier et de lui dire :

« Mon ami, d'où en sommes-nous avec le « Père Éternel ? Avons-nous pour saint Pierre « le mot de ralliement?

— « Mon aumônier, en ce moment, c'est « assez difficile...

— « Allons donc !... »

Et c'était bientôt fait.

Quelquefois, content du devoir accompli, celui-ci me désignant du doigt un camarade, ajoutait :

« Mon aumônier, voyez donc un tel, c'est
« le meilleur enfant de la vie, ce serait grand
« dommage qu'il fût tué sans cela.

La foi nourrit le dévouement, la patience, le courage, grandit l'esprit et réchauffe le cœur.

Un jeune sergent, faible, presque débile, engagé avant l'âge par amour du pays, que nous félicitions de son indomptable énergie, nous assurait qu'il ne la devait qu'à sa foi.

Ainsi, la voix de la religion était entendue au milieu de ce bruit confus du canon et des mitrailleuses, des clairons et des tambours, sous les obus qui sillonnaient les airs, et le sifflement des balles.

Courageux et patients, nos mobiles, vieillis en un jour, n'étaient pas des soldats de fantaisie, sur lesquels l'imagination peut essayer une anecdote.

On raconte cependant, du capitaine de la 5ᵉ du 3ᵉ, un bon mot qui eut un vrai succès.

Au plus fort de la mêlée, sur un léger monticule qui mettait la compagnie entièrement à découvert, il crie de toute la force de ses poumons à ses hommes :

« Allons, ne vous éparpillez pas ainsi. Face
« à l'ennemi .. sentez les coudes à gauche !...
« sergents, prenez les noms de ceux qui cau-
« sent, et ce soir ils coucheront à l'avan-
« cée !... »

Voulant, avant de la raconter, nous assurer de l'authenticité de cette parole, nous demandions dernièrement à un lieutenant qui est toujours demeuré son ami, s'il l'avait entendue.

« Si je ne l'ai pas entendue, certainement,
« il a dû la dire ; ce mot-là, c'est lui !... »

C'est bien lui, en effet, car recevant au même lieu les confidences de ce brave qui s'était avancé jusqu'à être téméraire, je l'ai vu s'interrompre, puis, tourné vers ses hommes, leur adresser cette apostrophe :

« Eh bien ! les gars, voulez-vous bientôt
« suivre ! Ah ! vous chantiez si bien la *Mar-*
« *seillaise* à Saint-Calais .. C'est le moment
« aujourd'hui. Les voyez-vous, là-bas ! Allons,
« *Qu'un sang impur...* Est-ce que vous cale-
« riez, les gars ?... »

Les gars n'ont pas calé.

Le journal a rapporté qu'un boulet éclatant près de nous et me couvrant de terre, au moment où j'apportais les secours de la religion à un soldat blessé mortellement, j'avais repris avec vivacité : « Les gueux ! ne me laisseront-ils pas remplir en paix les fonctions de mon ministère ! »

Il est bien possible que j'aie dit cela.

Mais aussi, pour être juste, il faut ajouter que nous avons vu beaucoup de gros boulets innocents s'engloutir autour de nous, dans la boue, sans éclater.

On s'y fait.

Si nous avions eu, ce jour-là, la température du 2 décembre, le 33e était exterminé.

La nuit vint comme d'habitude.

Avec elle s'apaisa le roulement de ce terrible tonnerre et le crépitement de la fusillade ; mais l'incendie des fermes et des villages s'accusa davantage, et le vent apportait une forte odeur de chaume brûlé.

Les feux de bivouac brillent et les sentinelles se renvoient le *qui vive ?*

Tous les blessés du 33e sont à l'abri.

On vient me dire que le sous-lieutenant de la 7e du 3e, grièvement blessé, se dirigeait sur Épieds. Nous avions eu ensemble, l'avant-dernier soir, un long entretien sur les satisfactions austères de l'âme, et il était mon frère par toutes les convictions.

Je désirais le revoir. En allant à sa recherche, je rencontrai plusieurs blessés dans la plaine, un, en particulier, du 37ᵉ de marche, un sous-officier, dont le beau sacrifice ne doit pas rester inconnu.

Après lui avoir donné à boire, comme j'essayais de calmer ses souffrances :

— « Mon aumônier, me dit-il, c'est bien !...
« Merci. Mais il est inutile d'essayer de me
« changer de place... je ne suis pas transpor-
« table... la mort ne peut tarder beaucoup...
« Quelque consolation que j'eusse à être
« assisté par vous jusqu'au dernier moment,
« il vient d'en passer par ici qui ont poussé
« des gémissements lamentables ; ils ont
« grand besoin de vous. Au revoir ! Merci !... »

Je me retournai, contenant mal mes larmes.

Il souleva encore une fois sa main.

Et lorsque je repassai par le sentier, ce jeune homme, si admirable dans les bras de la mort, avait reçu là-haut la récompense de son patriotisme et de sa foi ?

A Épieds, j'appris que le sous-lieutenant Paul B. venait de partir pour Blois.

Dans l'église, où M. le curé faisait l'impossible pour soulager tant d'infortunes, et dans les églises des environs, froides et humides, de longues files de blessés étaient alignés, attendant là sans se plaindre leur tour d'être opérés ; c'est-à-dire attendaient de nouvelles douleurs de la main charitable qui allait irriter leurs blessures en essayant de les soulager.

Devant l'ennemi, le courage de l'homme de cœur suffisait ; ici, il faut la résignation des martyrs.

Je trouvai un asile auprès des braves de la 5e du 3e.

Au bivouac, on était fatigué, rendu, la figure et les mains noircies de poudre. Mais le bataillon du Mans regrettait tout haut son brave commandant, M. de Montesson, dont le caractère aussi doux que plein de courage et la prudence ferme et affectueuse, alliée à une remarquable dignité dans le commandement, avaient conquis tous les cœurs. Et ces regrets n'ont pas été d'un jour. Jusqu'à la fin de la campagne et depuis, les enfants du Mans lui ont gardé un souvenir fidèle.

Ils virent bien à Coulmiers que la rouille n'avait pas dévoré sur les blasons du Maine l'antique devise : *noblesse oblige !*...

Pourtant cette nuit-là si quelqu'un rêva de gloire, ce fut le dernier songe heureux, à la veille des catastrophes qui devaient venir.

Et quel triste appel que celui du 10 au matin !

44 hommes tués, 220 blessés.

— Parmi les officiers, M. Alphonse de Lamandé, tué. A peine âgé de vingt-deux ans, plein d'entrain et de bravoure, merveilleusement doué, d'une éducation soignée, il était adoré de ses hommes, estimé et recherché par tous. Plein de foi dans l'avenir de notre cher pays, il était parti courageusement, gaiement presque, et pourtant il laissait derrière lui des parents qui l'adoraient — et pour lesquels une fin si glorieuse ne pourra adoucir la douleur de la cruelle séparation.

M. de Montesson avait la jambe cassée ; le capitaine de Juigné, le sous-lieutenant Paul Boulard avaient eu, l'un le bras, l'autre l'épaule traversés par un coup de feu ; les sabres de MM. de Battines et Rousseau avaient été brisés dans leurs mains par des balles ; M. Robert était atteint à la jambe par un éclat d'obus ; MM. Deneau, Poché, de Bastard étaient plus ou moins contusionnés ; M. de Chevreuse, blessé grièvement au pied par un éclat d'obus, était resté sur le champ de bataille. Ses hommes veulent l'emporter. « Non, non, dit l'héroïque « jeune homme, marchez à l'ennemi ; en avant, « mes camarades ! »

Et, pour s'écarter de la route, il se traîne vers un petit tertre où son frère, le duc de Luynes, vint le chercher sept heures plus tard.

Parmi les sous-officiers, Marchais et Bourgoing avaient été atteints mortellement ; Bourgoing qui nous disait, une heure avant d'avoir le crâne traversé : « Mon aumônier, « vous ne nous quittez pas, c'est bien ! vous « m'avez enseigné le catéchisme, il y a dix « ans, je ne l'ai pas oublié, mais si je suis « frappé, ne m'oubliez pas !... » David, d'un caractère aimable et sympathique, tué à quelques pas de son frère, qui était venu vivre de notre vie, un chassepot sur l'épaule. Son corps, rapporté au Mans, a reçu les honneurs de la sépulture au milieu d'un concours immense de nos compatriotes.

Le colonel me donna des hommes. Une grande fosse fut bientôt creusée dans le champ de blé, et nous les déposâmes les uns auprès des autres.

La religion qui les avait accompagnés, ne pouvait abandonner leur dépouille mortelle.

Quelques-uns avaient le visage horriblement défiguré, à peine reconnaissable, même à leurs amis ; d'autres semblaient avoir trouvé dans la mort le repos bienfaisant de leurs fatigues.

Le vent soufflait bas et humide.

Le cœur gros, je récitai les prières prescrites pour les funérailles des chrétiens :

Suscipiat vos Christus... Subvenite sancti Dei, occurrite Angeli Domini... Et l'oraison pour la bénédiction des tombes, qui consacre à jamais cette terre : *Deus, cujus miseratione animæ fidelium requiescunt, hunc tumulum benedicere dignare, eique Angelum tuum sanctum deputa custodem...*

Braves jeunes gens, vos efforts n'auront pas été inutiles ; votre sang, généreusement versé, ne sera pas perdu !

Plaines de la Beauce, pays si riche, si assuré de la graisse de la terre et de la pluie d'en haut ! Un historien qui passe pour impartial a dit de vous que le prix régulateur des farines et l'agiotage des halles avaient seuls gardé le privilége de faire battre votre cœur.

Voici vos champs labourés par la guerre, mais bénis par le sang de nos enfants ; et si Dieu est devenu un étranger chez vous, vous ne serez plus inconnus des Anges qui présideront à la résurrection générale !...

IV

Boulay-Bricy. — Saint-Sigismond, & du 10 novembre au 1ᵉʳ décembre.

> *Cujus patientia vinci non potest,*
> *ille perfectus esse probatur.*
> In S. Jac. comment.
> Celui dont la patience ne peut être vaincue prouve qu'il est parfait.

La cérémonie funèbre était à peine achevée, que les clairons sonnent la marche du régiment.

Je n'ai pas le temps d'aller à la 5ᵉ du 3ᵉ où l'on avait eu l'obligeance de me tenir à déjeuner, il faut suivre ; mais un camarade partage avec moi, dans sa gamelle de ferblanc, ce qu'on était convenu alors d'appeler du café.

Le brouillard fin devenait de la pluie. L'ordonnance était loin avec mon manteau, et pour me garantir de l'eau froide, je jette sur mes épaules une couverture ramassée tout à l'heure parmi les morts.

Nous partons tous, sérieux et réfléchis, contents de ce début : officiers et soldats avaient fait leur devoir, plusieurs avec éclat.

Le feu et les balles dont ils venaient de faire l'expérience, les avaient transformés : ils se sentaient des qualités qu'ils ne se connaissaient pas.

Le trajet fut long dans ces blés, dont nous soulevions péniblement les sillons ; on dut prendre bien des détours et s'arrêter souvent, car nous n'arrivâmes que le soir à Boulay, où se fixa le 3ᵉ bataillon, et Bricy que devait occuper le second.

Je suivis celui-ci parce qu'il allait plus loin, et que, connaissant la résidence du 3ᵉ, j'étais certain de le retrouver le lendemain.

Hier la bravoure était nécessaire ; pendant plus de vingt jours, il faudra ici une patience héroïque. Les souffrances qui attendent les hommes dépasseront bientôt leurs forces. On ne connaît pas dans notre pays de boues comparables à celles de la Beauce, détrempées depuis des semaines par la pluie ; et, pour rendre les tentes habitables, la contrée ruinée par l'invasion ne peut fournir assez de paille.

Il faisait nuit lorsque nous entrâmes à Bricy, et les habitants, que la victoire de Coulmiers avait délivrés des Prussiens, nous accueillent cordialement. Toutes les maisons s'ouvrent. J'étais arrêté avec plusieurs officiers sur la petite place devant la mairie, lorsqu'une famille vint nous offrir un abri qui est accepté de bon cœur.

Un feu pétillant brille dans l'âtre, éclairant la figure ouverte et charmante de cinq ou six petits enfants. Je me débarrasse de ma couverture appesantie par l'eau et viens m'asseoir sous le manteau de la cheminée ; mais mes hôtes reconnaissant en moi un ecclésiastique catholique, restent debout, m'examinant avec un sentiment mélangé de surprise et de gêne que dominait cependant la bonté. Ils sortent un instant, et bientôt arrive une foule de voisins dont évidemment j'excitais la curiosité.

Je prends un des enfants sur mes genoux ; on s'enhardit peu à peu, le petit Jonathas appuyant sa tête blonde sur mon épaule, reprend bientôt sa grâce aimable, son naturel vif, éveillé, questionneur, et joue avec mon crucifix d'argent. J'apprends que le village de Bricy est partagé entre deux cultes, et que je suis descendu chez le chef protestant, celui-là même qui reçoit deux fois par mois le pasteur de Josnes. On m'offre à souper, les voisins se retirent, et un lit est bientôt fait dans la chambre au-dessus d'un puits couvert. Le maître me prêta des sabots garnis de paille fraîche, et, lorsque je fus couché, vint chercher mes vêtements pour les faire sécher sur une claie dans le four.

Cette famille me traita avec une bonté dont je prie Dieu de lui tenir compte.

La nuit eût été parfaite, sans la pensée qu'un millier d'hommes du régiment allait coucher là tout autour dans la boue.

Le dimanche 13 novembre, octave de la Dédicace, je me rends à Boulay pour dire la messe. L'église était dans un état lamentable : le pied brutal du vainqueur avait tout renversé. Aidé par quelques hommes de toutes armes, nous remettons un peu d'ordre, et je puis monter à l'autel.

En ce moment, je n'avais d'autre livre à mon

service que mon bréviaire, et le prêtre apprend beaucoup dans son bréviaire. L'Écriture sainte sait toujours mêler quelque chose de consolant aux malheurs des hommes. Dans ces lieux désolés et souillés, la liturgie lui faisait précisément réciter ce jour-là ces paroles : *Vere locus iste sanctus est, et ego nesciebam... Venientium in loco isto exaudi preces...*

Et ce beau psaume XLV qu'il faudrait citer tout entier : *Deus noster refugium et virtus..... conturbatæ sunt gentes et inclinata sunt regna...*

Sur tous ces lieux, s'étaient accomplies ces paroles du Prophète :

Gens enim ascendit super terram meam, fortis et innumerabilis...

Periit sacrificium, et libatio de domo Domini..... Depopulata est regio, luxit humus, quoniam devastatum est triticum.....

Confusi sunt agricolæ, ululaverunt vinitores super frumento et hordeo, quia periit messis agri!... quia confusum est gaudium a filiis hominum..... Joel I. 6-12.

« Un peuple fort et innombrable vient de fondre sur ma terre.....

Le sacrifice du pain et du vin a été banni de la maison du Seigneur :

Tout le pays est ravagé, la terre est dans les larmes, parce que le blé est perdu...

Les laboureurs confus poussent de grands cris, parce qu'il n'y a ni blé, ni orge, et qu'on ne recueille rien de la moisson..... et qu'il ne reste plus rien de ce qui faisait la joie des enfants des hommes..... »

Jamais accents prophétiques n'ont eu plus parfaite application.

De ce qui faisait la joie des enfants des hommes, il ne restait plus rien.

Dans tout le pays ravagé par la guerre, pas une famille qui n'eût une triste histoire à vous dire.

Pour un coup de fusil tiré par un maladroit, les Prussiens avaient emmené en captivité tous les hommes valides de Bricy. Depuis l'instituteur catholique, un jeune homme de vingt ans, presque un enfant, doux et inoffensif, jusqu'aux hommes de soixante, ils en avaient pris quarante dont le quart a succombé dans les hôpitaux d'Allemagne et sur les chemins de l'étranger.

Pourquoi signaler ainsi sa victoires par des crimes ?

— 13 et 14 novembre, à Boulay, distribution de tuniques. — Et nos mobiles dont les pantalons et vareuses, d'étoffe grossière et sans résistance, s'étaient usés promptement dans la paille, prennent un petit air martial qui fait plaisir, sous leurs belles capotes bleues.

« Il faudrait revenir au Mans comme cela ! » me disait un brave garçon, jeune, vigoureux, et comptant sur la vie, que depuis, hélas! j'ai déposé dans la terre, enseveli dans ce vêtement qui le rendait si heureux.

Ce soir-là, je restai à coucher dans la grange où précisément la distribution s'était faite.

La compagnie était aimable; mais on ne dort pas bien à côté d'un adjudant. Et l'adjudant Rinjard, du 3ᵉ bataillon, fut réveillé dix fois pour des renseignements dont on avait besoin chez le commandant, chez le colonel, à la brigade, partout. Calme et paisible, d'une puissance de travail peu commune, l'adjudant se lève, reçoit, écoute, répond à tout, et se renfonce dans la paille. Lorsqu'il passa sous-lieutenant, chacun put dire : Encore un qui a bien gagné ses galons.

Pourtant tout a une fin, et l'on allait dormir, lorsqu'un rat qu'on avait entendu déjà, profitant sournoisement du silence, vint me mordre au talon, ce qui fit rire un peu tout le monde ; et la peur d'avoir le même sort aidant, chacun remit le sommeil à la nuit suivante.

Chez le colonel, au presbytère abandonné et saccagé par les Prussiens, c'était aussi confortable. On y mangeait la soupe dans des plateaux de balance en fer blanc, en y prenant joyeusement son parti des privations de la guerre. Docteur, si je m'en souviens, était chef de popote et s'en acquittait bien.

Chez le commandant, tout à côté de la grange, on y fait son creux comme on peut, on se couche en disant son mot sur la soupe d'autrefois, le chocolat du lendemain, et en trouvant sur les infortunes de chacun et l'ensemble de la situation de ces lazzis charmants que la plume ne peut rendre.

Mais l'atmosphère épaisse avait un faux air de famille avec celle de l'église d'Écoman, sous le régime du brave capitaine Deschênes.

Je revins le 15 à Bricy pour y demeurer jusqu'au départ.

Lorsque j'étais au milieu d'un bataillon,

j'apercevais bien ce qui lui manquait pour être parfait; absent, je ne me rappelais que les bonnes qualités dont j'avais vu tant de preuves. Et si quelqu'un avait voulu me faire voir une imperfection, je crois que je me serais fâché.

A côté d'un caporal qui me disait avec le meilleur sérieux du monde que « la gloire est le pain du cœur », un camarade, me prenant par le bras, ajoute : « qu'importe qu'on « nous loue, si nous savons que le devoir « est accompli ? N'oublions pas cette grande « parole : *Servi inutiles sumus...* »

Ne soyons pas, en effet, de ceux qui n'ont pour mobile qu'une récompense humaine. Saint Augustin dit d'eux, que vains, ils ont reçu une récompense aussi vaine que leurs désirs. *Receperunt mercedem suam, vani vanam.*

L'amiral vint dans la soirée, passer la revue du bataillon.

Il aimait visiblement le 33ᵉ et n'était pas fâché de lui adresser des encouragements.

Il avait vu ces jeunes officiers, l'épée haute, obéis et suivis, sur les murs crénelés, enlever les retranchements et les barricades et renouveler, avec de jeunes conscrits, les traditions de la vieille bravoure française.

Il n'était pas arrivé que laissant MM. les officiers, j'allai m'asseoir à quelques cents mètres, sur les débris d'un mur en ruines, heureux d'avance du bon témoignage qu'allaient recevoir mes frères d'armes.

Mais, la revue finie, quel n'est pas mon étonnement en le voyant, suivi de son escorte, se diriger vers moi ?

Ce jour-là, si c'eût été possible, mon amour pour le régiment eût augmenté ; car je reçus, grâce à lui, un honneur que je n'oublierai de ma vie.

Cet homme, dont je n'avais aperçu que de loin la belle et austère figure, trouva dans son cœur des paroles émues. Je le remerciai, en l'assurant que le plus humble de mes confrères ferait à ma place autant que moi. Le désintéressement qui va jusqu'à l'abandon de la vie est le simple devoir de l'homme de cœur, à plus forte raison du prêtre. Pendant qu'il me pressait la main, je pus admirer ce regard dans lequel il était aisé de lire que, donné de toute âme à la France, il avait résolu de mourir pour elle.

Son œil pénétrant avait sondé tout de suite les malheurs de la patrie, la grandeur du sacrifice qu'elle attendait de lui..,

Il ne recula pas.

Peu après les deux bataillons quittèrent Boulay et Bricy pour venir ensemble à Saint-Sigismond.

Le 2ᵉ bataillon dresse ses tentes à droite de la route de Champs, le 3ᵉ à gauche.

— Saint-Sigismond. — Si ce pays a eu, aux temps mérovingiens, une juste célébrité, les habitants ne paraissent guère s'en souvenir. Ils ouvriraient, je crois, de grands yeux si on les entretenait du roi des Bourguignons et de la bataille où il fut vaincu par les rois de Paris, d'Orléans et de Soissons. Cependant c'est bien ici, dans un coin du cimetière actuel, que Sigismond, déguisé en ermite, et trahi, fut précipité dans un puits, malgré les supplications de saint Avit. Le puits recouvert d'une planche vermoulue, une arcade ogivale d'un bel effet, à l'extérieur de l'église, au levant, c'est tout ce qui reste de l'antique splendeur de ces lieux.

Mais une boue, dont celle de Boulay n'était

qu'une préparation, nous attendait là, boue délayée, dans certains endroits, haute d'un pied, sans écoulement possible, — pas la plus légère déclivité de terrain. — Le sergent major Habert de Montfort-le-Rotrou me donna une paire de guêtres en cuir, que je n'aurais pu me procurer à aucun prix ; et qui me rendirent le plus grand service.

Le brave Monsieur pour lequel j'avais reçu un billet de logement, me fait, sur le seuil de sa porte, un beau et long discours sur les misères de la guerre et les inconvénients pour un ecclésiastique de vivre au milieu des camps et puis... refuse de me recevoir.

Je rejoins les officiers à l'auberge de l'*Espérance*, où l'on s'ingénie afin de me trouver un petit coin.

Dans la cuisine, sous le fourneau, dans la salle, sur le billard, sous le billard, tout était plein. Au premier, ils étaient les uns sur les autres. Le moins mal peut-être habitait une baignoire où il n'avait la faculté ni de s'allonger ni de se retourner, et il fallait toute sa jeunesse et sa philosophie pour s'y trouver à l'aise.

Pourtant, un petit réduit, où le maître du

lieu, affranchisseur de son métier, serrait ses herbes, fut ouvert en ma faveur. Il avait bien un léger inconvénient :

Placé sous l'escalier du grenier, où logeait la 7e du 3, je devais entendre, à peu près toute la nuit ceux qui, dans l'obscurité, pour les besoins du service, montaient et descendaient sur ces planches, quelquefois plus fort qu'ils ne voulaient.

Et puis, les Prussiens avaient passé par là et laissé des traces d'une propreté douteuse ; enfin il n'y avait point de carreaux à la fenêtre, on les remplaça par des haillons.

A part cela, c'était très-bien !

La vie y fut donc. Les officiers des deux bataillons, unis par une camaraderie intime et charmante que nous ont enviée bien des régiments, partageaient, s'invitaient, se rendaient ces mille services si appréciables en temps de guerre.

— C'est bien là, à Saint-Sigismond que se sont formés ou du moins resserrés les liens qui ont uni si étroitement depuis les officiers et les soldats des 2e et 3e bataillons, et je vis l'état-major, en se connaissant mieux, devenir une famille. La sympathie naît des rapports de l'âme. Là aussi se rencontrèrent et se joignirent la main du prêtre et du soldat.

Le temps depuis ne les a pas séparées.

Au lieu que le bonheur isole, la vie de souffrance rapproche, rassemble, porte à s'entr'aider et à compter les uns sur les autres. Surtout quand on ne peut prévoir quand finiront ces boues, ces marches, ces luttes sanglantes, ce qu'on fera le soir et les dangers du lendemain.

Et la visite d'un père, d'un frère, d'un ami, apportant, avec quelques provisions qui étaient bien vite partagées, de précieuses nouvelles du pays, était un événement heureux dans cette vie austère.

A l'*Espérance*, le capitaine adjudant-major du second, qui ne dormait jamais, faisait bien un peu partager à ses amis cette disposition de sa nature infatigable, mais on ne s'en plaignait pas.

On trouvait là enfin une longue table, de bonne paille, une popote régulière, une serviette pour deux ou trois seulement, de l'eau à discrétion pour les mains des servants, et à la tête de ceux-ci le petit Pilon, investi de fonctions de confiance, distribuant des ordres autour de lui comme une sorte d'ordonnance en chef.

Je voudrais bien avoir les notes qu'a dû conserver du vieux tringlot le capitaine de la 2ᵉ du second. Cet ancien troupier, usé, fini, en guenilles, gardé à l'armée par pitié, conduisait les bagages, ramassant tout, empochant tout, au profit des autres et du sien ; toujours gueux, jovial, trivial, fumant, chiquant, buvant, toujours soif...

Il y aurait de piquantes histoires à dire.

Mais au camp, de longues files de tentes s'alignaient dans cette boue infecte, d'où sortaient çà et là des sabots de chevaux enfouis quelques semaines auparavant ; et nos officiers y couchaient à leur tour.

Elle fut pour nous, pendant cette longue étape, plus meurtrière que le plomb.

Elle engendra bien des rhumes, et les rhumes dégénéraient bien vites en pneumonies. Et le plus souvent le mobile qui nous quittait gagnait, en arrivant à l'ambulance, la maladie régnante, et mourait de la variole et du typhus.

Chaque matin, cinquante ou soixante hommes, quelquefois davantage, se présentaient à la visite du médecin, qui les évacuait sur Orléans. Maurice de Chavagnac, pris de fièvre, ne veut pas partir ; il pleure et ne cède qu'à l'ordre formel du colonel, qui l'oblige à quitter sa compagnie. Il en avait été de même à Boulay du capitaine Robert du Luart. Puis c'est le capitaine Legou, malade, couché dans un grand coffre, dont l'état devient tout à fait alarmant. Sa compagnie n'a dû le bonheur de le revoir qu'aux bons soins qui lui ont été prodigués chez M. le comte de la Touanne, à Orléans.

Un petit clairon, des environs du Mans, s'obstine avec larmes à rester au régiment. Sa maladie ne me paraissant pas contagieuse, je le cache au médecin du 2e, dans le poste établi sur la route de Gemigny. Ses camarades le soignent, et au départ, la tête couverte d'une petite casquette prussienne trouvée dans un coin, il suit la compagnie.

Cette vie monotone aurait engendré l'ennui, si plusieurs n'avaient cherché un charme dans la lecture ou dans un travail plus profitable encore. Et pourtant la patience, le bon vouloir et la docilité des mobiles ne se démentaient pas.

A l'*Espérance*, la veillée se prolongeait.

Un soir, un officier, revenant d'un service accablant dans cette boue fangeuse, laisse échapper un juron en entrant. Je ne dis pas un mot, mais s'apercevant qu'il m'avait contristé : « Messieurs, reprit-il sur-le-champ, il
« faut avouer que je ne suis pas heureux dans
« mes expressions !... c'est mal à nous de
« jurer ainsi, devant M. l'aumônier surtout.
« Eh bien ! il faut que cela finisse. Tout offi-
« cier qui jurera donnera cinq francs d'amende
« pour les pauvres...

Et comme chacun approuvait :

« Messieurs, dis-je, cinq francs, c'est cinq
« fois trop, les appointements de plusieurs
« y passeraient, il ne resterait rien pour la
« popote, mettons vingt sous et tenons-y...

— « Un franc, ce n'est pas assez..... On
« jurerait pour le plaisir de vous faire faire
« l'aumône,.. »

Le prix, après débat, fut fixé à deux francs.

Quelques jours plus tard, un capitaine m'aborde,

— « Mon aumônier, dit-il, voici trois francs,
« j'ai juré une fois et demie. »

17 novembre.

Le commandant de Musset que je rencontre sur la route de Gemigny, me lit une belle lettre pastorale de Monseigneur d'Orléans sur la bataille de Coulmiers et le culte de saint Aignan, dont la fête tombait à cette époque.

C'est une poétique histoire que celle de ce grand évêque des temps barbares dont l'influence fut immense sur les destinées de son pays, et que les anciens diplômes et les vieilles chroniques locales appellent *Protecteur de la Patrie, Père du peuple*. Rien de plus touchant que de voir cet homme de miséricorde suppliant avant le combat, pleurant après la victoire, « jamais las ».

Le temps seul a marché. Attila est remplacé dans ces riches plaines de la Beauce par les Prussiens. Les guerres et les dévastations ont des similitudes frappantes ; les misères des hommes n'ont fait que changer de nom, le fond de l'humanité est demeuré le même, et l'Église a conservé son rôle.

Aujourd'hui, comme au temps du grand pontife, tout ce qui a le cœur brisé, tout ce qui souffre, tout ce qui n'a plus d'espérance, vient à elle et trouve ses bras ouverts.

Dans ces jours-là, le père d'un mobile de la 7ᵉ vint du Grand-Lucé réclamer le corps de son fils unique, Alexandre Massot, tué à Coulmiers.

L'exhumation, grâce au capitaine Duboys d'Angers, se fait sans bruit. Par un heureux effet du hasard, auprès du corps de ce jeune homme était placé celui d'un compatriote, son ami d'enfance! Unis pendant leur vie, frappés au même instant par la mort, ils ne devaient pas être séparés dans la tombe.

On les dépose dans une voiture, et, soigneusement cachés à tous les regards, ils traversent le village. Le capitaine, une douzaine de mobiles de leur pays, et moi, suivons sans rien dire jusqu'à l'extrémité du camp. Là, le convoi s'arrête, les hommes se découvrent, je récite les prières des morts, et le pauvre père, heureux dans sa douleur, emporte lui-même dans sa voiture les restes de son enfant et de l'ami tombé à ses côtés.

On ne saurait traiter avec trop de respect le corps du chrétien, puisque c'est la dépouille sacrée d'un être « aimé de Dieu et ressuscité à l'éternelle vie. »

A la Brigade, installée dans la maison

d'école, le général aimait les Manceaux. Ses bons mots, ses apostrophes, ses brusqueries même, toujours accompagnés d'une fine couleur locale, ou d'un petit goût de terroir, faisaient fortune chez nous. On les racontait sous la tente. Et nos camarades ne les ont pas oubliés.

Un samedi soir que j'étais venu prendre ses instructions avant de fixer avec mon colonel l'heure de la messe militaire du lendemain, son franc accueil et sa cordiale familiarité m'enhardirent à lui dire :

« Mon général, en vous voyant si avancé
« sous la mitraille, j'ai eu le 9, une inquiétude
« à votre sujet.

— « Pourquoi donc, mon abbé ?

— « Je me demandais, si blessé, je pour-
« rais tirer de vous un bon acte de contri-
« tion.

— « Ah ! je crois bien ! je sais encore l'*Ave*
« *Marie*!.... Il ne faudrait pas m'abandonner,
« je ne tiens pas à aller chez le Père Éternel
« les jambes en l'air. »

Le lendemain dimanche, à 9 heures, la messe eut un éclat inaccoutumé. Dans la plaine, au ord du village, dans un vieux moulin à ven en planches, à demi ruiné, au haut d'une longue échelle de meunier, l'autel fut dressé : L'autel, c'est-à-dire sur deux chaises, une caisse à biscuits recouverte d'un drap blanc. Un grand rideau rouge fixé par deux pointes, à deux mètres et demi de hauteur, sert de fond.

Sur le gradin, un grand crucifix de bois et deux chandeliers forment tout l'ornement. C'était bien simple. Mais chacun avait l'âme émue, et le souvenir en est resté profondément gravé.

L'heure était solennelle en effet.

Au loin, dans cette plaine, qui tire les yeux, le canon gronde et la fumée s'élève des villages en feu.

Autour des bataillons formés en carré, des soldats de toutes armes, dont les régiments sont dispersés aux environs, se joignent à nous. Au centre, le drapeau, le colonel, les commandants.

Avant de finir par la récitation du dernier Évangile, je donne lentement la bénédiction avec le grand crucifix. Les clairons sonnent la marche solennelle et la voix des commandants crie ; — « présentez armes ! genoux, terre. »

Dans ces moments-là, c'est le cœur qui comprend. Il sent que la foi, source de consolations dans toutes les conditions humaines est le meilleur stimulant du courage.

La foi fortifie le soldat, affermit son cœur et son bras pour l'heure du péril et des grands devoirs.

L'occasion d'en faire l'expérience devait bientôt venir.

A deux pas du moulin, sur le bord de retranchements et d'épaulements, que nos hommes avaient creusés sous la direction du génie, était placée une batterie d'artillerie.

Le capitaine et le lieutenant m'accueillaient avec bonté. Ils venaient quelquefois à la 2ᵉ du 2, auprès de la tente, partager nos pommes de terre ou nous en offrir, et j'aimais à aller m'asseoir auprès d'eux sur un canon, causer, échanger nos idées, nos espérances, nos craintes, les yeux fixés sur cette plaine immense et pour nous sans beauté.

— « C'est un dur métier que celui des
« armes, me disait un jour le capitaine, quand
« on a laissé derrière soi une femme et un
« enfant là-bas !..... on voudrait en écarter le
« souvenir ; il s'impose à vous. »

— « Quel âge a votre enfant, mon capi-
« taine ?

— « Cinq ans.

— « Tant mieux! chaque matin, ses petites
« mains jointes, auprès de sa mère, il demande
« au Père d'en haut, dont l'oreille s'ouvre si
« facilement à la prière des petits et des
« humbles, de vous garder et de vous rendre
« à lui. Il fera plus pour vous que toutes les
« précautions de la prudence humaine.

— « Dieu vous entende, mon abbé. »

Après un moment de silence, le lieutenant, roulant sa cigarette, ajoute : « J'ai bien fait,
« moi, d'attendre. Quelques mois plus tard et
« j'aurais aussi chez nous une affection de
« plus !.... »

Une semaine ne s'était pas écoulée.

Je m'étais avancé, sans m'en apercevoir, sur le champ de bataille, et je retrouvais, auprès de sa batterie, ce brave jeune homme horriblement blessé. Un obus lui avait broyé la cuisse gauche. On le dépose sur une pail-lasse, dans une maison abandonnée. Je l'administrai.

Un peu plus loin, les Prussiens venaient d'incendier une ambulance par maladresse, il faut l'espérer pour l'honneur de l'humanité.

Les blessés sont évacués à la hâte.

Craignant le même sort pour la maison couverte de chaume, où il est provisoirement, je veux le transporter.

« Mon aumônier, c'est impossible ! Oh ! de
« grâce, laissez-moi mourir ici... qu'on ne me
« touche pas !...

— « Mon lieutenant, le feu va prendre sans
« doute ; je vous en prie, laissez-nous faire.
« Votre ordonnance et moi nous aurons bien
« la force de vous porter plus loin..... nous
« irons doucement... vous ne souffrirez pas...

— « Oh! non, non, c'est impossible, jamais...
« Monsieur l'aumônier, partez, laissez-moi...
« que Dieu vous le rende !... »

L'ordonnance sanglotait.

La fusillade allait en se rapprochant, et les miens souffraient aussi plus loin...

Je voulais les rejoindre, et je ne pouvais m'arracher de ce lieu.

Deux fois, je revins sur le seuil :

« Mon lieutenant, je vous en prie, ce sera
« le chagrin de ma vie, de vous abandonner
« ici.

— « Oh ! non, jamais, je sens bien que ce « ne sera pas long. »

Je dévorais mes larmes. En ce moment, j'aurais, je crois, béni la mort.

Je revins vers Guillonville. J'en étais assez loin, au nord-est, lorsque j'entendis siffler deux balles.

Cette fois, c'était bien à mon adresse.

Dans cette portion de la plaine, dont mes yeux se fatiguaient à sonder l'étendue, j'étais bien seul, debout au milieu de quelques estropiés sans armes, se rendant à l'ambulance.

Je me retourne vivement.

A une faible distance, j'aperçois un officier prussien et une demi-compagnie. Fuir était insensé, je croise mes bras sur ma poitrine, rapprochant mon crucifix d'argent.

L'officier fit signe à un de ses hommes de baisser le canon de son fusil.

Ils furent bientôt près de nous.

Ils n'avaient pas eu le temps de proférer une parole :

« Vous connaissez ma langue, sans doute, « Monsieur, dis-je à cet officier, et vous me « comprenez. Ne voyez-vous pas à la forme

« de mes vêtements que je ne suis point un
« combattant ! Vous commettez un acte de
« lâcheté en tirant sur le panseur des bles-
« sures morales et physiques. Si vous voulez
« ma vie, pous pouvez bien la prendre, c'est
« facile, et vous n'aurez pas grand mérite.

— « Non, pasteur catholique, non, ami. »
Il me tendit la main.

— « Je vous crois bien élevé, Monsieur ; si
« nous pouvions nous rencontrer ailleurs que
« dans mon pays envahi, je ne vous refuserais
« pas. Mais ici, je ne puis donner à ces enfants
« qui souffrent, le spectacle d'un serrement
« de main avec les auteurs de leurs bles-
« sures. »

Et je repris paisiblement, avec mes pauvres blessés, le chemin de Guillonville.

C'était le vendredi 2 décembre, dans la soirée.

Deux fois depuis, j'ai revu mon capitaine d'artillerie de Saint-Sigismond, mais de loin, sans pouvoir lui parler. Deux fois il agita son képi avec un air d'aimable souvenir qui semblait dire :

Dieu écoute la prière du petit enfant !...

V

Loigny, Guillonville.— 1ᵉʳ et 2 décembre.

> *Nequaquam, ut mori solent ignavi... sed sicut solent cadere (fortes), coram inimicis, sic corruisti.*
>
> Non vous n'êtes point morts à la façon des lâches, mais vous êtes tombés comme tombent les gens de cœur devant l'ennemi.
> *Lib. Reg.* III, 33.

Le jeudi premier décembre le camp fut levé avant le jour, et les trois bataillons du régiment réunis dans la plaine, au nord de Saint-Sigismond, attendirent, debout, pendant de longues heures, l'ordre de marcher au feu.

Le froid commençait à se faire sentir.

Les cœurs battaient dans toutes les poitrines. On allait donc enfin quitter ces boues où l'on souffrait toutes les rigueurs de l'hiver dans l'inaction et la maladie ; on allait battre encore une fois les Prussiens et délivrer la capitale ! Car la joie d'avoir vaincu déjà nous avait rendus confiants ; on croyait à une sortie de l'armée de Paris victorieuse, marchant à notre rencontre, et nous pensions bientôt nous joindre à elle.

Nous avançons donc avec un entrain tranquille et sérieux.

Beaucoup de voitures de paysans ruinés abandonnant leurs fermes, comme le conseil leur en avait été donné, nous croisent sur la route. Ils avaient conservé espoir jusqu'à la dernière heure ; maintenant, saisis d'épouvante, ils fuyaient poussant leur bétail devant eux.

Sur les bras des mères, de petits enfants pleuraient.....

Lorsque nous arrivons auprès de Guillonville, l'action était engagée depuis longtemps.

Dès dix heures, tout le 16e corps était en marche.

Le général Deplanque entrait à peine au hameau de Gaubert, avec sa brigade, dit M. A. Boucher, que l'ennemi déploie des forces considérables devant la ferme de Chauvreux. La brigade s'arrête. Le 37e a ses trois bataillons en face des Bavarois, sur la gauche ; c'est le 3ᵉ qui s'avance droit à Noneville. Le 33ᵉ accompagne une batterie de 12, soutient le 37ᵉ et, par son 2ᵉ bataillon, se relie aux troupes de la 1ʳᵉ brigade, qui se dirige sur Faverolles.

Il y a eu là un long combat d'artillerie et de mousqueterie. En une heure, le 33ᵉ a brûlé 8,000 cartouches ; le soir, le 3ᵉ bataillon du 37ᵉ en avait brûlé 49,000. C'était un feu effrayant.

Peu à peu les Bavarois reculèrent ; la ferme de Chauvreux abandonnée, ils se concentrèrent à Noneville... Ici, une fusillade terrible commença, et, pas à pas, le 37ᵉ avança sur ce village.

Son 3ᵉ bataillon n'était plus qu'à deux cents mètres des Bavarois qui défendaient Noneville, quand soudain leurs projectiles semblèrent se multiplier, avec la mort, dans les rangs de nos soldats. L'ennemi, par un dernier effort, essayait de troubler son adversaire dans sa marche victorieuse.

Cette résistance meurtrière cause parmi les assaillants un moment d'hésitation ; il ne restait plus dans le 3ᵉ bataillon du 37ᵉ qu'un officier dont le cheval n'eût pas été tué, — c'était le capitaine adjudant-major Tollin. Pendant que le commandant Varlet affermit par son noble exemple le courage de ses soldats, Tollin va, sur son ordre, demander du renfort au général Deplanque. Plus un homme de réserve dans la brigade. Le général fait du moins placer à la gauche du 2e bataillon deux mitrailleuses dont les coups rapides épouvantent bientôt l'ennemi. Cependant le commandant Varlet, que les capitaines Tollin, Laroche et Noyer secondent de leur vigoureuse bravoure, a de nouveau lancé ses soldats sur Noneville. Les Bavarois battent en retraite derrière le village, et le 37e y entre à l'instant même où ils gagnent les champs. Ce régiment venait de perdre plusieurs centaines d'hommes hors de combat ; six des officiers furent tués ou blessés.

On ne trouva dans Noneville qu'un chirurgien allemand occupé à panser des blessés. Il donna tous ses soins aux soldats français, que nous lui avions conduits dans la soirée. A la gauche du village, les Allemands qui luttent avec le reste du régiment lui cèdent à leur tour le terrain. Toute la droite de l'ennemi est enfoncée. M. de Tann et son état-major rentrent à Orgères, dans la demi-obscurité qui déjà couvre la plaine. Le 3ᵉ bataillon du 37ᵉ se cantonne dans None-ville, les deux autres campent près de la route qui conduit à Orgères. Deux bataillons des mobiles de la Sarthe viennent de s'y établir aussi ; le silence de la nuit commence, la victoire est complète de ce côté.

Pendant que la 2ᵉ brigade menait à si bonne fin cette laborieuse opération, la 1ʳᵉ accomplissait un travail non moins pénible et non moins glorieux.

Le 2ᵉ bataillon du 33ᵉ était réuni au 3ᵉ chasseurs à pied, au 1ᵉʳ et au 2ᵉ bataillon du 39ᵉ de marche. Ils arrivent sur Villepion avec leur batterie de 12, et une batterie de montagnes.

L'amiral, dit M. A. Boucher, est au milieu d'eux, intrépide et calme. Comme à Coulmiers, il se montre insouciant de la mort. C'est déjà pour ses troupiers le héros tranquille dont ils disent au bivouac qu'il faut toujours « le « chercher là où le feu est le plus fort. » Ils l'admirent et ils l'aiment : ils le regardent serein et fier sous ce tonnerre de la bataille.—

Selon leur parole, parole maintenant légendaire au 16ᵉ corps, « il navigue sur son petit « cheval comme devant la tempête. » On le suit avec une sorte d'allégresse, par confiance. Avec lui, on se jette à travers les balles des Bavarois sur le parc du château de Villepion ; on l'emporte d'assaut avec un irrésistible élan ; les troupes escaladent de toutes parts les murs de l'enclos. Il s'en fallut même de très-peu qu'une batterie ennemie, postée en avant de l'entrée principale du château de Villepion, ne fût enlevée par les chasseurs à pied.

C'était donc une belle journée.

A la nuit, il ne restait à l'ennemi aucune des positions qu'on avait attaquées.

La 1ʳᵉ division était venue des environs de Saint-Péravy s'établir à Noneville, Faverolles et Villepion : elle avait parcouru plus de trois lieues en combattant ; elle avait été au feu près de cinq heures, seule contre le corps d'armée du général de Tann ; elle avait chassé l'ennemi de six villages et un hameau, dont quatre avaient été enlevés de vive force. Rien n'avait terni l'éclat de la victoire. L'amiral et sa division avaient donc bien mérité les récompenses du lendemain. — On les mit à l'ordre du jour de l'armée, et le général Chanzy fut nommé grand officier de la Légion d'Honneur.

Ceux qui ont assisté à ces grands combats et dont les yeux tomberont sur ces lignes, où nous avons trop rapidement analysé le beau récit de M. A. Boucher, admireront comme nous la précision avec laquelle ce remarquable historien suit toutes les opérations militaires.

Aux premiers coups de fusils tirés par nos mobiles, je m'éloignai de Guillonville où je venais de préparer l'église pour recevoir les blessés.

Un soleil magnifique éclairait la plaine et faisait briller les armes.

Dans le village, régnait un silence de mort. Là encore il restait peu de monde ; des hommes avaient été emmenés en captivité. Le vénérable curé fit étendre de la paille dans l'église, sous les bancs, sur les bancs, dans les allées, ouvrit sa maison, donna tout.

A peine arrivé au champ de bataille, tout près de nous, M. de Lombres, le brave et sympathique officier d'ordonnance du général Deplanque, reçoit une balle au genou.

Dans ces moments-là, on ne songe guère au danger, mais beaucoup aux pauvres soldats qui vont infailliblement tomber.

Le prêtre devient le frère aîné, le père. Les plaies, la paille sanglante, les horreurs de la mort n'inspirent plus ni répugnance, ni dégoût, ni frayeur. Dieu dit à ceux qu'il envoie : « Vous ferez du bien à tous..... » Et il leur donne sa charité, qui « parfume le malheur. »

Un jeune fantassin, la mâchoire inférieure emportée, conduit par la main un de ses camarades dont la poudre a brûlé les yeux. Je leur indique le lieu où ils vont trouver un abri et des soins.

Plus loin, un officier d'artillerie tombe. Par une fatalité lamentable, une balle prussienne était venue frapper la cheminée d'un obus et le faire éclater dans les mains des servants. Sur un signe qu'il me fait, j'essaie de le soulever, et j'enfonce ma main dans une horrible blessure comme je n'en ai vu de ma vie. Il avait les vertèbres entièrement dépouillées, une cuisse broyée, et cependant il supplie qu'on l'emporte. J'envoie chercher un drap. Avec toutes les précautions nous l'enveloppons et le déposons dans une charrette, sur la paille. Il demande à boire, prend mon bidon et me le remet avec un accent plaintif : « Mais il n'y a rien dedans ! » me dit-il. Je venais de le faire remplir de vin, et il avait gelé sur mon dos.

Avec la nuit, le froid devenait intense. Pour me garantir, je jette sur mes épaules une *limousine* ramassée en passant dans une ferme.

Bien des voitures furent ainsi remplies de nos pauvres blessés. Afin d'éviter les cahots, dans cette plaine sillonnée, elles prirent un grand détour et quand, après avoir parcouru le champ de bataille, je revins au village à la traverse, en ligne droite, j'arrivai aussitôt qu'elles. Hélas ! un quart de ces malheureux avaient gelé, étaient morts le long du chemin et nous descendîmes bien des cadavres.

Plusieurs, sans parole, les yeux voilés, indiquant par un léger mouvement un reste de vie, nous sont morts entre les bras, en descendant de voiture, à la porte de l'église.

Spectacle inénarrable !.....

Vide, Domine, afflictionem amaram nimis !...
Circumdederunt me gemitus mortis. ... et in tribulatione mea invocavi Dominum... Ps. xvii.

Nous n'étions point assez nombreux, et le service des blessés est à organiser en entier.

La patrie doit avoir soin du corps et de l'âme de ses enfants en péril de mort.

Mes dignes collègues, là où ils se trouvaient, ne se sont pas épargnés, ont bravé la mort, rempli la mesure du possible : malgré cela, un grand nombre de malheureux ont expiré sans secours.

On essaye de sauver un homme, on soulage un mourant, cela demande du temps ; une heure est bien vite passée. Et combien, dans une heure, le plomb ne fait-il pas de victimes sur un champ de bataille d'une aussi grande étendue !

Encore, ce soir-là, étions-nous favorisés par un temps très-clair. La lune brillait, jetant une pleine lumière sur ces lieux désolés.

Ceux qui n'étaient pas transportables demeurèrent exposés, sans premier pansement, pendant un temps très-considérable, à toutes les rigueurs d'un froid glacial. Plusieurs, couchés à terre, la tête appuyée sur leur sac, ont ainsi attendu la fin de leurs souffrances avec plus de désir que de crainte !...

J'avais beau m'armer de toutes mes forces,

faire appel à tout ce que mon cœur renfermait de courage, je n'ai jamais pu me faire à ce spectacle, à cette douleur.

En regardant Guillonville, à gauche, les bourgs et les fermes flambaient ; en face, ce village dessinait sa silhouette noire dans le ciel sans nuage. Hélas ! il devait être éclairé, le lendemain soir, par l'incendie.

Il m'est impossible de dire toutes les scènes douloureuses et solennelles qui ont marqué cette grande nuit. Il y a d'ailleurs des actions si belles, qu'on n'ose les raconter, dans la crainte de les rendre trop imparfaitement.

Et cependant, à mesure que le soleil baisse et que l'ombre semble s'allonger sur le monde, on voudrait se consoler par le spectacle d'aussi sublimes vertus.

Voici une lettre que nous avions écrite sous l'impression des premiers jours : nous la donnons telle que l'ont publiée, dans le temps, plusieurs journaux et revues. En la relisant à trois ans de distance, je retrouve ces souvenirs aussi vivants dans mon cœur.

Je vivrais autant que j'ai vécu, que je n'oublierais pas un détail de ces lieux, un trait de ces nobles visages.

Cette résignation, vraiment surhumaine, rappelle un chapitre des Actes des martyrs.

A Monsieur l'abbé Goussard.

Mon cher ami,

Vous avez écouté, avec intérêt, dimanche, le récit que je vous ai fait de notre triste campagne dans le diocèse de Chartres, et vous voulez que je vous adresse l'épisode de Guillonville, qui vous a particulièrement ému. Je me rends volontiers à votre désir. Abonné à la *Voix de Notre-Dame de Chartres* depuis son premier numéro, pour vous et pour bon nombre de vos excellents confrères dont je n'ai pas oublié la bienveillance, je ne suis pas un étranger.

Ceux qui connaissent votre incomparable cathédrale savent qu'à des hauteurs où l'œil de l'homme n'atteint pas, l'ouvrier des âges catholiques a sculpté des beautés qui ne sont admirées que des anges. Ils travaillaient pour l'amour du bon Dieu et la gloire de Marie très-sainte. Ceux qui ont parcouru nos ambulances, assisté aux champs de bataille nos chers mourants, ont recueilli des traits sublimes, ont vu des sacrifices héroïques accomplis sans bruit dans le coin d'une grange abandonnée, sur le bord d'un fossé, ont vu mourir de nobles enfants dont personne n'a su le nom, mais dont la mort attirera, je l'espère, sur les jours troublés et malheureux que nous traversons, la miséricorde de Dieu.

En voici un exemple :

..... C'était le jeudi 1er décembre, nous venions de quitter Saint-Sigismond, et laissant sur notre droite Saint-Péravy-la-Colombe et Patay, nous arrivions au nord-est de Guillonville ; il pouvait être deux heures. L'action, déjà engagée, devenait sérieuse : nous ne tardâmes pas à y prendre part. Pour nos blessés, M. le curé de Guillonville disposa son église. Deux heures plus tard, elle était remplie, et lorsque je revins, vers huit heures, du champ de bataille, accompagnant les voitures chargées de nos derniers blessés, nous fûmes obligés de faire sortir ceux qui étaient transportables et de les diriger sur Patay. Depuis le seuil de l'église jusqu'au sanctuaire, furent bientôt entassés sur la paille nos malheureux enfants. Je ne dois pas oublier le noble curé de Guillonville. Sa maison, son linge, le peu de provisions que lui avaient laissées les Prussiens, tout fut donné avec une générosité sans réserve.

Mais nos besoins étaient immenses, et cette nuit-là, je pleurai toutes les larmes de mes yeux.

Après avoir pourvu aux plus pressants besoins, je vins me jeter un instant tout habillé sur le lit de M. le curé, où un général prussien avait couché la veille, et devait revenir, hélas ! bientôt ; mais l'homme charitable qui gardait nos pauvres mourants dans l'église, ne tarda pas à venir me chercher. Il était trois heures du matin. On venait d'apporter, des fermes environnantes, de nouveaux blessés. J'aidai à sortir les morts pour faire une place sur cette paille, où le sang ruisselait. Arrivé à l'autel de la Sainte-Vierge, je m'agenouillai auprès d'un jeune soldat de la ligne, qui paraissait en proie à de vives souffrances.

— « Mon enfant, lui dis-je, vous souffrez
« beaucoup ?

— « Beaucoup, oui, mon père, mais trop,
« non, car j'expie.

— « Vous expiez, cher enfant !...

— « Oui, mon père, les fautes de ma vie.
« Veuillez en recevoir l'aveu. »

J'entendis sa confession, qu'il acheva dans des sentiments admirables.

« Maintenant, mon père, dit-il, voici mes
« commissions :

« Prenez dans ma poche ma montre, vous
« l'enverrez à mon frère, comme un dernier
« souvenir d'affection. Je m'appelle Jean
« Sarda, je suis de Loupiac, canton de Li-
« moux, au département de l'Aude..... Dans
« mon autre poche, une petite chaîne que
« vous donnerez à la sainte Vierge. Écrivez
« bien au pays, mon père, que je meurs sur
« l'autel de la Sainte-Vierge, que j'ai appris à
« aimer dans mon enfance..... que je meurs
« calme, résigné... (une larme coula de ses
« yeux)... et content !... Vous avez intérêt,
« mon père, à le leur dire, car désormais ils
« uniront votre nom au mien dans leurs
« prières... Mais ne me laissez pas mourir
« sans revenir me bénir !... »

Le pauvre enfant avait deux balles dans la poitrine, et les symptômes précurseurs de la mort apparaissaient déjà.

Je parcourus tous les bancs, cela demanda

plusieurs heures, mais mes yeux se tournaient sans cesse vers ce noble jeune homme. Lorsque je revins à lui, sa voix était éteinte.

Je lui pris les deux mains...

« Mon cher enfant, c'est moi, votre ami, « le consolateur de la dernière heure... » Il ouvrit les yeux... j'en vis sortir des larmes... « Courage ! enfant, dans un instant, le Ciel ; « et vous prierez pour moi... Si vous me « reconnaissez, serrez-moi la main. »... Il fit un suprême effort, la serra, la porta à ses lèvres... et rendit à Dieu sa belle âme !...

Et je restai à genoux, demandant au bon Dieu, par les mérites d'un si généreux sacrifice, d'avoir pitié de moi.

Depuis, ses commissions ont été faites, et la famille Sarda, de Loupiac, transmettra ce récit à ses enfants. Le prix de sa petite chaîne a été déposé, le 2 juillet, aux pieds de Notre-Dame, dans son sanctuaire béni de Torcé. Humble et touchante offrande d'un jeune soldat mourant, qui, comme l'obole de la veuve de l'Évangile, est allée jusqu'au cœur de Dieu !...

Le lendemain, bien des cadavres étaient entassés, au midi, le long du mur de l'église.

Je n'eus pas la consolation de leur donner la sépulture, mon régiment devait se battre.

Je jetai un dernier regard à ces morts de la nuit... je m'éloignai à regret... fortifiant mon âme par la méditation de ces paroles :

Evigilabunt... Exultabunt Domino ossa humiliata... Dominus custodit omnia ossa eorum ; unum ex his non conteretur..... Credo quod Redemptor meus vivit... Visi sunt oculis insipientium mori : illi autem sunt in pace... (1).

---

(1) J'ai voulu revoir encore une fois ces lieux où tant de nobles cœurs ont *pratiqué l'héroïsme dans la nuit*, sans espérance humaine, sous le seul regard de Dieu, ont connu l'unique gloire qui éclaire l'âme sans la brûler.

Je suis allé, en décembre dernier, au jour anniversaire de la bataille, célébrer le saint Sacrifice au-dessus de la belle crypte romane de Loigny, où reposent nos glorieux vaincus, *où l'on voit* les ossements blanchis et symétriquement rangés de *mille trente-cinq soldats français !*...

Et le 3 décembre, à la tombée de la nuit, je m'acheminai à pied, à travers la plaine, vers Guillonville, rempli pour moi de si vivants souvenirs. A la même heure, à pareille époque, il y a sept ans, il s'en est bien peu fallu qu'une balle prussienne n'envoyât ma pauvre âme dans son éternité !...

J'ai dit la messe le 4 au matin, à l'autel où le jeune homme dont je viens de parler s'était montré à mes yeux mouillés de larmes, si doux envers la souffrance, si admirable dans les bras de la mort. Le même vénérable curé

— 2 décembre. — Campé à Noneville et à Villepion, le 33ᵉ avait pris quelques heures de repos, quand le premier coup de canon se fait entendre. Il est neuf heures. Nous passons, dit M. de la Touanne, les petits bois placés à droite et à gauche de Villepion et nous apercevons Loigny.

qui m'avait accueilli avec tant de bonté veille toujours sur les dépouilles mortelles de nos compagnons d'armes, déposées avec honneur à l'ombre de sa très-pauvre église de Saint-Pierre de Guillonville, et j'ai pu encore une fois l'admirer.

Pourquoi ne le dirais-je pas ici?... Il ne lira jamais ces lignes.

J'ai rencontré dans ma vie bien des prêtres meilleurs que moi, mais aucun ne m'a fait autant comprendre ma faiblesse et mon néant que ce digne vieillard qui, depuis quarante et des années, volontairement garde la foi dans cette petite paroisse, où tout lui manque, à peine logé, entouré de protestants qui l'observent, et dont la plus grande privation est de n'avoir jamais pu réunir assez de ressources pour entretenir allumée la lampe du sanctuaire!...

Il y a encore sur la terre, grâce à Dieu, des âmes qui comprennent que le sacrifice est le dernier mot de toute action féconde, qui savent s'immoler, se perdre, aller au-devant de la mort!.. et qui trouvent au milieu de leurs peines, dont Dieu seul a le secret, d'indicibles consolations!....

C'est ce village que doit enlever la 1re brigade.

Orgères est à notre gauche. Le 16e corps, qui s'était avancé de bonne heure dans la demi-obscurité, à travers les sillons raboteux, durcis pendant la nuit, avait commencé l'action, et la canonnade est très-violente ; la fusillade s'en mêle. Les mobiles, pleins de confiance dans les bonnes nouvelles de Paris, qu'on publie de tous côtés, sont prêts pour le combat.

Comme hier, un magnifique soleil éclaire cette plaine qui sera ce soir, comme on l'a si bien dit, le tombeau des braves, mais non pas le tombeau de la bravoure française.

On avance sans bruit.

Le village de Loigny va être enlevé, lorsque les Prussiens tentent un dernier effort. Les batteries du château du Bourg se démasquent et l'ennemi s'avance en colonnes serrées. Il faut reculer. Les chasseurs à pied ont perdu 600 hommes sur 800. Le 39e de marche n'existe pour ainsi dire plus. Le 37e voit disparaître deux de ses chefs de bataillon : M. Varlet, tué ; M. de Fouchier, blessé grièvement. Le 75e mobile a son colonel, M. de Montlaur. blessé avec ses commandants de Terras et

Clausel ; le commandant de la Vingtrie fait former le carré et rallie tout son monde. La plaine, si nue tout à l'heure, est couverte par une fourmilière d'hommes blessés ou cherchant à rejoindre leur corps là où il se reforme.

Il est midi.

La première division se bat d'Orgères à Goury, et, tandis que la cavalerie du 16º corps erre dans la plaine, tandis que la 2ᵉ division cherche vainement à se rallier, c'est cette ligne de jeune troupe qu'il faut suivre d'un œil attentif, dit M. A. Boucher ; l'honneur de la France est là, durant cette lamentable journée.

Sur la plaine mollement recourbée qui s'étend entre Orgères, la ferme de Villerand et Loigny, les mobiles de la Sarthe sont en marche — et bien qu'un feu violent d'artillerie les accable, ils n'ont pas bronché. L'amiral que rien n'effraie, veut qu'ils aillent enlever une batterie qui s'est postée entre la Maladrerie et Loigny. Tentative irréalisable en ce moment !

Le commandant de Musset qui part, me serre la main, et le capitaine Simonard me jette en passant ses valeurs dans l'espoir que, si nous sommes faits prisonniers, on me fouillera moins que lui. Cependant le régiment va droit où s'élève la fumée blanche des canons Bavarois. Il laisse, sans s'émouvoir, les fuyards et les blessés traverser ses rangs.

Un de ses fourriers arrête, il est vrai, un capitaine d'infanterie qui passe en courant, mais c'est pour lui montrer l'ennemi, — « vous vous trompez, mon capitaine, c'est par là qu'il faut aller. »

Tenaces et vigoureux, les mobiles de la Sarthe s'avancent en ordre sous les obus ; ils ne sont plus qu'à une portée de mousqueterie, leurs fusils se font entendre à leur tour, et les Bavarois reculent. Pendant une heure, ils gagnent ainsi du terrain. A la fin, M. de Tann appelle de nouveaux canons. Contraint de reculer, le 33e remonte au pas le terrain conquis tout à l'heure ; il se replie, les rangs formés comme à la manœuvre, dans un si bel ordre que l'admiration de l'amiral s'en émeut et pour ainsi dire s'en étonne ; souvent on suspend la retraite et on reprend la marche en avant ; — on essaie l'offensive et l'ennemi cède aussitôt.

Dans un de ces moments héroïques où le régiment brave les boulets innombrables des Allemands, le jeune duc de Luynes excite avec gaieté sa compagnie à ne pas baisser le front devant la menace, — « Allons, dit-il à ses « soldats, en leur montrant de son épée les « obus qui volent en l'air, ça ne fait pas de « mal ! En avant ! » Comme il venait de partir, un de ces obus qu'il défiait lui enlève la tête. Dans la mort, il n'a pas le temps de sentir qu'elle fait mal. Les batteries bavaroises tiraient avec fureur, — la terre semblait trembler, et des officiers échappés au désastre de Sedan disent n'avoir rien entendu de pareil pendant ces fatales journées. La terre se couvre de blessés, mais le régiment tient ferme, la masse reste compacte et docile à ses chefs.

Pour tout dire, le 33° n'avait pas, en deux heures, reculé de plus d'un kilomètre, et son lieutenant-colonel avait le droit d'en être fier.

Le sort du 16° corps se décidait (1) ; la 2° division était anéantie, la 1re avait horriblement souffert.

---

(1) M. de la Touanne.

Le général de Sonis arrive avec son escorte, le 17ᵉ corps empêche un désastre.

M. de Charette accourt avec ses héroïques zouaves, et, en les lançant à la baïonnette, il leur dit ces simples mots qui consolent notre fierté et nous honorent à tout jamais : — « Ne craignez rien sur votre gauche, car là, sont les mobiles de la Sarthe. »

Les Prussiens étaient tenus en échec, mais à notre gauche, ils tentaient de nous tourner.

L'amiral, qui avait ordonné au 33ᵉ de tenir, à tout prix, dans le parc de Villepion, faisait dire au lieutenant-colonel de reprendre le bois situé à gauche. Le 2ᵉ bataillon sortit et l'occupa sans coup férir. A ce moment arrivèrent des chasseurs à pied et des fantassins qui se chargèrent de le garder. Le lieutenant colonel revenait donc prendre ses positions, lorsqu'on se mit à crier : voici la cavalerie. Il commanda immédiatement de former le carré. Le mouvement s'exécutant mal, il put s'apercevoir que ce n'était qu'une alerte. Il fit alors continuer la marche vers le parc, laissant tous les cent mètres une forte ligne de tirailleurs qui maintinrent l'ennemi. C'est en rentrant dans le parc, à 4 heures 1|2, qu'il fut atteint d'un coup de feu à l'épaule.

Le commandant de Lentilhac prit immédiatement le commandement du régiment. Le seul renseignement qu'avait pu lui donner le colonel, et encore vaguement, était que Terminiers devait être le point de ralliement.

La nuit était tombée, l'ennemi nous suivait, nous étions presque seuls. Le 3° bataillon arrivait, après avoir eu les plus rudes tentatives à repousser. Il avait dû se former en carré. Le commandant de Musset avait eu son cheval tué, et le capitaine Dubois-d'Angers était resté avec sa compagnie à soutenir la batterie de montagne jusqu'à sa dernière gargousse. Quant au 2° bataillon, le capitaine Chartier, interprétant mal l'ordre du commandant de Lentilhac, resta dans le château et dans le parc. Là, le capitaine Couturié plaçait aux créneaux tous les hommes qu'il trouvait, mobiles, lignards, chasseurs à pied, cela lui était indifférent. Entendant et voyant l'ennemi arriver en poussant des hourras, il fit faire une décharge générale qui eut les résultats les plus heureux. Croyant le parc fortement occupé, l'ennemi n'osa rien tenter, et lorsque l'amiral fit donner l'ordre au bataillon, à onze heures, de rallier Terminiers, il put le faire sans être inquiété. Les deux autres étaient rentrés avec tant de calme et en si bon ordre, que l'amiral les en félicita publiquement.

Telle fut pour nous la bataille de Loigny. Vainqueurs jusqu'à midi, nous n'avions cédé le terrain que pied à pied, et, le soir, un bataillon restait jusqu'à minuit dans ses positions de la veille. Pendant cette rude journée, le régiment avait donc maintenu sa réputation. Seul, il avait soutenu un effort violent de l'ennemi et n'avait eu ni un instant d'hésitation, ni un instant de faiblesse. Mais nous avions payé cher notre résistance. — Les deux journées du 1er au 2 décembre nous avaient coûté au moins 300 hommes tués ou blessés.

Le 30 novembre le régiment avait 2,650 hommes à l'effectif; le 2 décembre au soir il en restait 1,700, et le colonel était blessé par un coup de feu à la fin de la journée. Les lieutenants Poché et Mallet avaient été assez gravement contusionnés. Le premier bataillon venait de faire en la personne de son capitaine adjudant-major une perte qui fut vivement sentie par tout le régiment.

M. le duc de Luynes, dès le premier appel aux armes, avait quitté la retraite dans laquelle il vivait entre sa jeune épouse et son fils, pour offrir à la France menacée le même tribut de dévouement qu'il avait donné à l'Église, apporter à la patrie terrestre un courage semblable à celui dont il avait fait preuve sous les murs de Rome.

Il est tombé, et sa mort est pleurée, mais elle s'ajoute au patrimoine d'honneur de sa noble maison.

Cette solennelle journée a trouvé un orateur digne d'elle. Monseigneur de Poitiers a fait du sépulcre de Loigny un sépulcre glorieux, mais on ne saura jamais de quel sang généreux cette terre a été abreuvée, quels hommes la France a perdu là.

Les mobiles de la Sarthe, grâce à leur colonel, ont leur histoire. Le capitaine Jacquemont, des zouaves pontificaux, a raconté l'héroïsme de ses frères.

Mais si le 37ᵉ de marche, dont l'illustre Pontife a dit : « nommer ce régiment c'est citer la bravoure humaine à sa plus haute puissance », si le 37ᵉ de marche, dis-je, avait son histoire, la patrie vaincue, amoindrie et humiliée serait consolée dans ses malheurs par des traits de grandeur dignes des anciens jours.

Après avoir été repoussé du champ de bataille comme je l'ai raconté au chapitre précédent, je me rendis à Patay où nos blessés reçurent tous les soins.

Le soir vers huit heures je voulus revenir à Guillonville avec les docteurs. Toute la portion du village qui se trouve au couchant de l'Église était en feu. L'ennemi était tout près et nous fûmes obligés de retourner à Patay.

Les lieux et les choses prennent un aspect lugubre, qui se grave dans l'esprit quand le cœur est malheureux.

Trois fois depuis j'ai revu cette plaine, à trois grands anniversaires, le 2 décembre 1871, le 9 novembre 1872 et le 3 décembre 1877. Le temps était le même. Elle avait le même air funèbre et les mêmes ormeaux rabougris bornaient çà et là l'horizon. Je sais bien qu'au printemps l'herbe y pousse, parsemée de fleurs sauvages, mais je ne puis me rendre compte de la beauté que lui donne sa riche parure de moissons. Il me semble plutôt que sur elle devraient s'accomplir les paroles de David pleurant la mort de Jonathas :

Montes Gelboe, nec ros nec pluvia veniant super vos...

Mais Dieu a des miséricordes qui sont inconnues des hommes !....

VI

Saint-Péravy — Fuite dans les bois. —
Le Mobile du 75ᵉ, — Le Baptême. —
Coulmiers. - Cravant. — Josnes. —
Lorges. — Du 3 au 6 décembre.

> « Un ensemble de coïncidences malheureuses s'est joint à la faiblesse organique de la France pour déjouer tous ses efforts. Et cet ensemble a été tel, que véritablement, quand on l'envisage, on est tenté de se demander s'il n'y a pas eu là quelque raison supérieure aux causes physiques, une sorte d'expiation de fautes nationales, ou le dur aiguillon pour le relèvement nécessaire. En présence de si prodigieuses infortunes, on ne s'étonne pas que les âmes religieuses aient pu dire : le doigt de Dieu est là. *Digitus Dei est hic.* »
> *La guerre en province*, par Ch. de FREYCINET, 6ᵉ édit., p. 150.

Le 3 décembre, toutes les compagnies se trouvèrent réunies d'assez bonne heure. Peu de vivres, mais de bonnes rations de cartouches destinées aux Prussiens. Les trois quarts des hommes avaient brûlé la dernière. On resta tout le jour debout en avant de Patay.

N'ayant pu vaincre, dit M. de la Touanne, il nous fallait reprendre nos positions, et c'est ce que tentait de faire le général d'Aurelle. Un rideau de cavalerie dissimula habilement le mouvement, et bientôt les hommes si cruellement éprouvés la veille se déployaient et faisaient un changement de front complet avec le plus grand calme. Nous arrivâmes à la chute du jour à Saint-Péravy-la-Colombe. *(Sanctus Petrus in via Colombarum)*. Les premier et troisième bataillons furent à peu près cantonnés ; quant au second, à part une compagnie qui se logea en entier dans une ferme et dans un immense colombier, il demeura toute la nuit en grand'garde et sans paille.

Commandant de Musset, capitaine adjudant-major Simonard, docteur, lieutenant R. de N., plusieurs autres officiers et moi, retenus au-devant du village et attardés, ne trouvons plus où nous loger. Nous allons frapper à la porte d'une maison d'assez belle apparence, et c'est le maître de céans, vieillard fort respectable, qui vient lui-même ouvrir.

En sa qualité de chef et d'aîné, le commandant prend la parole et demande une petite place pour la nuit.

— « Messieurs, c'est impossible, ma maison
« est déjà pleine comme un œuf…

— « Mais, reprend le commandant, c'est
« la même chose partout, Monsieur, nous
« coucherons ici dans le corridor, s'il le faut ;
« permettez seulement que nous fassions la
« soupe, car nous n'avons rien pris depuis ce
« matin… »

La maison avait cet air de propreté qui est
un signe d'aisance et donne envie d'entrer. Par
la porte de la cuisine entr'ouverte, à droite,
nous arrivaient la clarté et la chaleur du feu.

Le commandant, tout en argumentant, tenait les deux mains du digne homme et le
poussait doucement à reculons, jusqu'à la cuisine. Nous suivions, goûtant fort cette façon
d'emporter la place, et dissimulant mal notre
contentement. L'hôte nous regardait d'un air
assez peu joyeux ; mais la respectable demoiselle, sœur et gouvernante, d'une soixantaine
d'années au moins, qui, à l'habitude d'obéir
doit joindre celle de commander aussi un peu,
essuyant du coin de son tablier une larme
que font couler les malheurs de la guerre, lui
démontre, avec un geste qui ne manquait pas
d'énergie, qu'il eût bien mieux fait de rester

assis auprès du feu que de se mêler ainsi d'aller ouvrir la porte.

Les ordonnances sortent de leurs musettes, sur la table, un chou, de magnifiques carottes, du lard, du beurre dans un papier, du riz dans un mouchoir, un cornet de sel et de poivre ; et pendant qu'ils vont puiser de l'eau, le commandant calme et équitable toujours, distribue à chacun sa part de besogne et se met en mesure de couper le lard.

Au lieutenant R. de N. d'apprêter les carottes. Son instruction est complète en tout ; mais n'ayant jamais eu l'occasion de lire dans un livre la manière de préparer ces plantes potagères, il pelait ce légume comme il eût fait d'une pomme, en enlevant une large peau.

J'étais assis, taillant la soupe.

Notre hôte qui suivait tous nos mouvements, s'aperçoit de l'inexpérience de ces messieurs pour la cuisine, et me dit, en désignant le lieutenant du doigt : — « Que faisait ce jeune homme avant la guerre ? »

Pendant que je cherche une réponse pleinement satisfaisante, l'ordonnance reprend vivement :

« Ça sait se battre !...

— « Oui, mais avant la guerre ?
— « Eh bien, ça bricolait... »
Désignant à son tour le marquis de M.
« Et celui-ci que faisait-il aussi ?
— « Ça bricolait encore...
— « On voit bien cela. Ah ! qu'il en a
« passé comme cela, qui ne savent même pas
« faire la soupe et auxquels la guerre a rendu
« bien des services cet hiver !... »

Tout allait donc pour le mieux dans notre intérieur, et l'on s'accoutumait, lorsque l'ordonnance arrive, apportant une brassée de voliges pour ranimer le feu : « Où êtes-vous
« allé chercher cela, malheureux ? s'écrie le
« maître du logis, cela ne m'appartient pas ;
« c'est de la maison, c'est le reposoir de la
« *fabrique*, c'est porté sur l'inventaire !...

— « Ne vois-tu pas bien, mon frère, dit
« aussitôt la respectable sœur, qu'il faut que
« tout y passe !...
« Auparavant c'étaient les Prussiens, main-
« tenant les Français vont prendre le reste !...
« Et après...! »

La soupe, cuite à point, répand sa bonne odeur dans la cuisine, et le commandant va la tremper.

— « Ma bonne mère, dit-il, je vous prie
« bien de nous prêter une soupière.

— « Je n'en ai pas.

— « Une casserole.

— « Pas davantage.

— « Mais en voici une accrochée au dres-
« soir.

— « Je crois bien, une casserole que je
« viens de faire étamer depuis le départ des
« Prussiens...

— « Allons, ma bonne mère...

— « D'abord, Monsieur, apprenez que je ne
« suis ni femme, ni mère de personne...

— « Eh bien, ma belle enfant, parbleu!...»

Pendant ce temps l'ordonnance grimpe sur le fourneau et décroche la casserole, ce fut à peine le temps de le dire. Commandant trempe la soupe, et le repas du soir où ne manquaient ni l'appétit vengeur et accommodant, ni les joyeux à-propos, fut trouvé délicieux.

Là comme à Saint-Sigismond, nos officiers en s'unissant, en assurant le bonheur de tous par le généreux concours de chacun, parviennent à se donner une heure de bonne vie.

Le lieutenant fait acheter pour 7 francs une dizaine de bottes de paille d'avoine. Elles sont étendues dans la chambre. On a été plus mal ailleurs, et le sommeil sera bon cette nuit. Avec ce dévouement aimable et toujours prévenant, occupé des autres, il partage avec moi sa couverture et nous nous couchons. Ce qui fut dit pendant une heure, je ne l'ai pas retenu. — C'étaient des riens, mais les riens du cœur ont des charmes.

On recommande à docteur de ne pas rêver tout haut, on prie son voisin de ne point ronfler, l'adjudant-major est invité à n'être pas dérangé d'heure en heure, et le silence règne.

Mais on avait compté sans les habitudes de la maison.

Juste au moment où, sans souci du jour qui finit et du lendemain qui n'est pas encore, le sommeil arrivait, le maître du lieu ouvre la porte.

Il avait oublié de monter son horloge, une vénérable aussi, qui exige plus de cérémonie que les simples horloges de notre connaissance. Une bougie à la main et dans l'autre la manivelle, il monte sur un tabouret et commence. Assurément il n'y avait rien de risible et la sagesse a bien raison de dire — *Risum reputavi errorem*. Mais au grincement de l'opération, un accès d'hilarité s'empare de la chambrée. Et le digne homme s'arrête, parle comme la raison même, et nous montre l'inconvenance de traiter ainsi chez lui un vieillard respectable. Mais le fou rire est impossible à réprimer.

Je m'assieds et veut l'assurer que ce n'est pas à son adresse.

« Vous, Monsieur l'Aumônier, » reprend-il vivement, « je ne suis pas fâché de profiter de
« l'occasion pour vous dire que je croyais que
« les anciens canons de l'Église gallicane ne
« permettaient pas aux ecclésiastiques de cou-
« cher avec des laïques.

— « Je le crois bien aussi, repris-je, mais
« dans notre pays les anciens canons de
« l'Église gallicane sont encloués depuis long-
« temps... »

Et le bon Monsieur se retire.

Une discussion s'élève pour savoir à quel jour de la semaine nous étions. Je croyais bien un peu que le lendemain était dimanche ; mais les sentiments sont partagés. On cherche dans les souvenirs ; on va aux voix et à la majorité d'une seule, il fut décidé que le lendemain serait dimanche.

Cette grande question tranchée, on s'endort.

C'était en effet le dimanche 4 décembre.

A la première heure, l'adjudant fut prévenu que le régiment se disposerait à partir dès le matin.

Je cours à l'église pour dire la messe, le canon grondait déjà, je pus célébrer le saint sacrifice au milieu des soldats de toutes armes qui y avaient passé la nuit. Couchés, debout, assis ou à genoux, tous gardèrent un silence respectueux.

Après la messe, le digne homme qui nous avait reçu, ou pour mieux dire, chez lequel nous nous étions imposés, me fit mille politesses.

« Quels sont donc, me dit-il, ces gens qui
« ont couché chez moi cette nuit avec vous ?

— « Il y avait le marquis de ..., le comte
« de ..., le comte de ..., etc.

— « Bah ! vous auriez bien dû me le dire.
« Veuillez bien leur assurer que je leur par-
« donne d'avoir ri.

— « Merci pour eux, ils y seront très-sen-
« sibles. »

Pour être juste, il faut ajouter que ce pays avait subi pendant de longues semaines l'invasion, connu des ennuis et des embarras de toutes sortes, vu le pillage sous toutes les formes,

Nous partons de bonne heure dans la direction d'Ormes, et prenons à droite vers Bucy-Saint-Liphard et Montpipeau. A ce moment un mobile du 75° me remet en courant une épée.

« Monsieur l'aumônier, me dit-il, mon lieu-
« tenant m'a recommandé, en mourant, de
« vous apporter son épée. Vous la remettrez à
« sa famille en lui annonçant sa mort, c'est
« son dernier souvenir d'affection... »

Je pris cette épée encore teinte du sang de ce généreux enfant.. Je la mis sous mon bras et j'allai reprendre ma place au milieu des officiers du 2° bataillon. Chacun m'interrogeait.

« — Monsieur l'aumônier a une épée !...
« — Oui, mes amis, une épée, que je défen-
« drai, s'il le faut, au péril de ma vie !...
« — Vous avez la croix et l'épée !...
« — La croix pour vous bénir..., l'épée pour
« vous défendre !... »

Je la gardai quelque temps, mais m'apercevant qu'elle deviendrait gênante pour panser les blessés qui réclamaient nos soins, je la confiai au sergent Barbe. Ce fut heureux pour moi. Cerné deux heures plus tard par les Prussiens, j'étais fait prisonnier. Encore porteur de cette épée, j'aurais été certainement fusillé.

Je fus obligé de faire bien des recherches pour retrouver la famille du jeune lieutenant, dont le nom m'avait été mal indiqué. Grâce aux renseignements que me donna M. le curé de Mer, j'ai pu adresser à M. Quentin, commissaire priseur à Blois, ce dernier et précieux souvenir d'un fils qui a noblement payé sa dette à sa patrie.

Le lieutenant de la * du trois, pour se garantir du froid porte sur ses épaules une large couverture, bariolée de rouge, de gris et couleur cendre, percée ingénieusement au centre d'une ouverture assez grande pour y passer la tête. Elle flotte autour de lui comme une chasuble du xe siècle, et je connais une ancienne peinture sur verre d'un des vingt-quatre vieillards de l'Apocalypse qui lui ressemble. Je lui en fais la remarque et il ne s'en fâche point.

M. Roger de Nicolaï a l'heureuse idée

d'acheter un gros pain rond, le perce par le milieu, l'*enficelle* et le porte suspendu au côté. Mais des camarades à l'appétit immense et qui n'ont rien mangé depuis hier, accourent (il avait peut-être un peu compté là-dessus), et grignotent à belles dents. Leur estomac creux a tout l'arriéré de la matinée à rattraper. Aussi la respectable charge du lieutenant diminue, devient plus légère, jusqu'à ce qu'elle arrive à rien.

Un pain de sucre dans la Loire n'aurait pas plus aisément fondu.

Nous défilons lentement dans la plaine.

Une heure plus tard, deux compagnies du 2ᵉ bataillon, les compagnies Boulay et H. Couturié, je crois, avec quelques hommes du génie et un peu d'artillerie, reçoivent l'ordre de se fortifier dans une ferme et de s'y défendre énergiquement. Je reste auprès d'eux afin de partager leur destinée.

Le fermier, parti depuis des semaines avec sa famille, était revenu ce jour-là. Cet homme jeune encore contemplait d'un œil sombre cette ferme où il s'était marié, berceau de ses enfants et où le vainqueur n'avait rien laissé debout.

Il m'offrit un cheval.

« Prenez-le, Monsieur l'aumônier, vous me
« ferez plaisir, me dit-il avec un accent plein
« d'amertume. Il ne me reste plus avec quoi
« le nourrir...

« — Merci, je marche à pied comme les
« braves que vous voyez ici. »

Il me serra la main.

Pendant que le génie perce ses meurtrières dans les portes et les murs, j'examine attentivement tous les lieux, afin de savoir sur quelles ressources je pouvais compter pour les blessés, — s'il y avait de l'eau, de la paille, etc. Je trouve dans un coin plusieurs pauvres soldats de la ligne, blessés assez grièvement la veille, et qui attendaient un premier pansement.

Nous n'avions pas de pain à leur offrir.

Un morceau de sucre, que venait de partager avec moi un instant auparavant le sergent-major Avice, formait toute ma réserve. Je les engage à venir au village de Gemigny ; une voiture est attelée pour deux qui ne peuvent marcher. Le troisième désire faire la route à pied, appuyé sur mon bras, afin de ranimer la chaleur.

Il est convenu que, si la ferme est entièrement barricadée lorsque je serai de retour, on descendra une échelle pour me recevoir. Mon absence ne fut pas de longue durée, mais je la trouve évacuée. Le général s'était aperçu que la position n'était pas tenable, et avait donné des ordres, afin de ne pas sacrifier en pure perte ce noyau de braves.

Dans ce moment passait une bande de bœufs abandonnés, auxquels personne ne s'intéressait plus et dont le conducteur avait pris peur sans doute. Ils allaient et venaient capricieusement au hasard, prenant le chemin de l'ennemi, tandis que notre Debrard, le boucher du régiment, avait tant de peine à l'approvisionner. Combien je regrettais de n'avoir à mon service ni le bâton, ni le chien du berger !

J'avais envie de les pousser devant moi, j'étais désappointé. J'interrogeais cette plaine, pour découvrir la direction qu'avaient suivie mes compagnies, lorsque je fus cerné et pris par les Prussiens. C'était entre le bois du Buisson et celui de Bucy. Il pouvait être trois heures.

Si l'officier qui les commandait ne se montra pas bienveillant, je ne puis dire cependant qu'il m'ait traité avec rigueur. Il avait à la main une carte d'une netteté remarquable, qui me parut faite à la main, de la grandeur à peu près des cartes de Cassini avec des notes et légendes en français, qu'il me fut impossible de lire en entier ; mais ce que j'en vis m'impressionna vivement. Elle avait pour titre : — Canal alimentaire de la Beauce. Elle comprenait la portion du département d'Eure-et-Loir qui s'étend de Chartres à Illiers, Brou, Mondoubleau, à gauche ; de Chartres à Angerville à droite. Les fermes, les moulins à vent, les forges des maréchaux, les kilomètres d'une ferme à l'autre étaient indiqués, marqués avec une précision mathématique.

Nous échangeâmes peu de paroles ; il parlait le français avec un accent Parisien ; mais sur une observation un peu blessante de sa part, je lui dis que si grande que l'on fît la part du vainqueur, il fallait voir la main de Dieu dans cet abandon d'un grand peuple qui reviendra vers Lui et sera pardonné ; que la Prusse nous faisait une guerre de barbares, et qu'enfin mon pays qui a donné son nom à la franchise ne connaissait pas ce système d'espionnage qui leur réussissait si bien. Il reprit sèchement :

« Vous parlez comme quelqu'un qui mé-
« prise *très* la vie.

« — Je ne méprise pas la vie, Dieu me l'a
« donnée ; mais je n'ai pas peur de la mort.
« A voir le sort que vous nous préparez si
« vous êtes vainqueurs, sans le sentiment du
« devoir et le désir de secourir ceux qui souf-
« frent, on aimerait autant mourir. »

Comme ils ne m'inspiraient pas grande confiance, me rappelant qu'ils avaient tiré sur moi le vendredi précédent, poussé enfin par l'invincible désir de rejoindre mon régiment, je profitai d'un moment où ils s'occupaient plus des bœufs orphelins que de moi, et je m'enfuis dans les bois.

La nuit était venue, mais une nuit splendide. Pas un nuage au ciel ; il faisait clair comme en jour.

Mon cœur battait bien fort.

A la joie d'être échappé de leurs mains succéda bientôt une vive inquiétude. Quelle direction avaient suivie les miens ? J'avais bien entendu dire que le chemin de retraite était vers Coulmiers, mais de quel côté se trouvait Coulmiers ?

Au loin, à Orléans, le grondement solennel

du tonnerre, mais des détonations formidables qui durèrent jusqu'à minuit. Cette ville infortunée se débattait dans les étreintes de la dernière agonie. Je m'avançais doucement, dévoré d'inquiétude et prêtant l'oreille la plus attentive. J'entendais bien devant moi, un peu à droite, le bruit confus d'une armée en marche, mais aucun mot distinct n'arrivait jusqu'à moi. Etait-ce la nôtre ou l'ennemi ! Je m'arrêtais à chaque sentier, interrogeant d'un regard ces sombres allées, craignant à chaque détour la rencontre d'un casque pointu, et prêt à me jeter dans les broussailles.

Tout d'un coup des cris déchirants me glacent d'effroi. C'était une voix française.

« Oh ! je vous en prie, s'écriait-elle, ne me
« tuez pas... Je ne suis pas un Prussien. » Je cours dans cette direction, et j'aperçus bientôt un triste spectacle.

Un brigadier ou maréchal-des-logis de chasseurs d'Afrique, pris de folie furieuse, frappait à coup de sabre un tout jeune soldat. Il lui avait déjà fendu la lèvre supérieure et brisé les dents. Je me jette à lui :

« Mais mon ami, lui dis-je, ne le massacrez
« pas ainsi.

« — Monsieur, c'est un Prussien. »

Voyant à quel malheureux j'avais à faire, et comprenant que le langage de la raison n'aurait aucun succès, je repris aussitôt :

« Mais il vaudrait mieux le faire prisonnier,
« l'emmener vivant, vous auriez la croix.

« — La croix d'honneur ?

« — Mais oui, la croix d'honneur, »

Il se mit à rire, de ce rire qui déchire comme un poignard, et le pauvre jeune homme se cramponne à mon bras qu'il couvre bientôt de sang.

« Prenez-lui le bras droit, dis-je au chas-
« seur, tenons-le bien tous deux, et afin qu'il
« ne vous échappe pas, donnez-moi votre
« sabre, je vais le porter. »

Le pauvre enfant serrait mon bras d'un air d'intelligence. Il comprenait que sa vie était sauvée.

Nous allâmes devant nous au hasard, je ne pensais plus aux Prussiens et nous arrivâmes bientôt à Rozières.

Un peu avant la maison d'école qui fait un des angles du carrefour, nous entrons à droite chez le fermier qui remplissait les fonctions de maire, et le malheureux insensé est enfermé. Je reprends avec le mobile le chemin qui va de ce village à la route de Coulmiers, et nous interrogeons les gens du pays que nous trouvons sur le passage de l'armée. Ou ils ne savaient rien, ou ils en disaient trop, c'était comme toujours une confusion de renseignements contradictoires, une équation surchargée de termes d'où il fallait péniblement dégager l'inconnu. Mais nous rencontrons bientôt des hommes de son régiment, nous nous serrons la main, il cache mal ses larmes, et nous nous séparons...

Je ne l'ai jamais revu depuis, mais il me semble que je le reconnaîtrais entre mille. C'est un mobile du 75° (Loir-et-Cher). Il portera jusqu'à la mort les marques de cette douloureuse blessure.

Ce ne fut pas le seul exemple de folie furieuse dont nous ayons été témoin. Chez nous même, au 2º bataillon, à Thuré, pendant l'armistice, un mobile eut des accès de ce genre, et il fallut l'enfermer.

Je suivais tout triste la route que les hommes du 75° m'avait indiquée, lorsque la Providence qui dispose tout avec force et douceur, *Omnia fortiter suaviterque disponens*, eut pitié de moi, après tant d'émotions, et me ménagea une heureuse rencontre.

Au détour d'un chemin, je me trouve en face d'un élève de l'école de médecine de Strasbourg, M. Matelin, attaché comme major au 17e corps et d'un officier dont je n'ai pas retenu le nom, je me souviens seulement qu'il était fils de l'instituteur de Verrières, au canton de Rémalard (Orne). Ces Messieurs furent excellents, partagèrent avec moi leurs provisions, me donnèrent une place à cheval, et me renseignèrent avec précision sur la route qu'avait suivie le 16e corps. Nous ne nous séparâmes qu'au campement du 17e.

Nous venions de nous dire adieu.

Auprès d'un village abandonné, un grand feu de bivouac éclairait un groupe de femmes et de voitures remplies de meubles. C'étaient des émigrants de la guerre. Une toute jeune mère, tenant un enfant enveloppé dans ses langes, se lève et s'avance vers moi.

« Monsieur, me dit-elle, vous êtes aumônier
« militaire et catholique ?

« — Oui, mon enfant, je suis prêtre catho-
« lique...

« — Ah! Monsieur, je suis bien malheu-
« reuse. J'ai fui mon village envahi, incen-
« dié... Je suis mère depuis quelques jours, et
« mon enfant n'est pas baptisé... Voulez-vous
« lui donner le baptême? »

Elle se met à genoux tenant son enfant dans ses bras, un soldat casse la glace avec la crosse de son fusil ; je prends un peu d'eau dans le creux de ma main et le baptise. La fonction sainte accomplie, elle l'enveloppe dans son châle, le presse contre son cœur comme si elle eût voulu l'y cacher, va se rasseoir auprès du feu, et me dit au travers de ses larmes :

« Merci, mon père... à la garde de Dieu.
« Mon enfant est baptisé, maintenant nous
« pouvons mourir tous les deux... »

A minuit, j'arrivai à Coulmiers, le village était désert ; une seule lumière brillait au rez-de-chaussée du château, dont les grilles étaient ouvertes. Je viens demander à me reposer le reste de la nuit. Un Monsieur de l'air le plus vénérable me reçoit dans une grande salle toute pleine de blessés français et prussiens étendus sur le parquet.

« Je serais heureux de vous garder, Mon-
« sieur l'aumônier, me dit-il, et nous trouve-
« rions bien une place, mais nous avons un
« bon curé au village, à deux pas, qui sera
« content de vous recueillir ; vous y serez
« mieux qu'ici et je vais moi-même vous y
« conduire. Si par hasard sa maison était rem-
« plie, je vous ramènerais avec moi. »

Au presbytère, le digne curé veillait avec sa sœur, attendant les événements, et l'accueil fut bien comme on l'avait espéré. Il me conduit à sa chambre, et je me jette tout habillé sur son lit. J'étais brisé, et pourtant le sommeil ne vint pas. Aux émotions accablantes de la journée et de la nuit, vint se joindre un grand froid aux pieds. Je n'avais pas quitté mes bottes dans la crainte de ne pouvoir les remettre, en cas d'alerte, comme cela m'était arrivé plus d'une fois. Après les avoir soigneusement essuyées, je n'osais les approcher du feu, afin de ne pas les brûler.

Une paire de chaussures solides est un trésor dans une pareille situation. Et la famille Compoint, d'Orléans, à l'obligeance et à la charité de laquelle je les dois, a peut-être, Dieu aidant, sauvé ma vie.

Combien de ceux que la fatigue a emportés auraient traversé sans danger les boues des camps, et vivraient aujourd'hui, s'ils avaient été mieux chaussés !

Le petit jour se faisait, l'horizon s'éclairait doucement, lorsque M. le curé arriva à mon lit : « M. l'aumônier, me dit-il, il m'en coûte de « venir sitôt vous éveiller, mais, si vous tenez « à votre liberté, on annonce l'armée des « Prussiens à une faible distance du village. »

Je ne tenais pas du tout à les revoir. Je prends à la hâte un verre de lait froid et un morceau de pain, et je cours sur la route de Coulmiers à Baccon, en remerciant du fond du cœur cette maison hospitalière.

Mais quel spectacle dans la plaine !...

Quel désarroi digne de larmes !...

Partout des voitures renversées, des provisions de toutes natures perdues, lorsque plus loin nos soldats enduraient toutes les privations... voitures de riz, de pain, de biscuits, de vêtements de toutes sortes, de toiles de tente, abandonnées et dont le vainqueur allait faire si facilement sa proie. Les convoyeurs détélaient à la hâte leurs chevaux et s'enfuyaient.

De longues files de traînards cherchent leurs compagnies... de pauvres blessés passent tristes et silencieux !...

Et dans cette même plaine, vingt-cinq jours auparavant, nous avions la victoire et l'espoir.

Ce rapprochement entre la victoire si pure d'hier et la déroute sinistre d'aujourd'hui, était poignant.

Dans ce moment-là le froid se fait sentir jusqu'au cœur.

Je voyais clairement s'accomplir les prédictions du brave capitaine Deschesnes. Notre vie ne devait plus être qu'un enchaînement de fatigues sans résultat heureux.

A un carrefour, au pied d'une croix, avant Baccon, se trouvait un jeune sous-officier de zouaves pontificaux, assis, sa tête dans ses deux mains,

... Je frappai sur son épaule... « Enfant, « lui dis-je, vous paraissez accablé.

— « Oui, mon père, j'ai vu tomber les « miens, je suis du bataillon de Charette, et « ils sont là-bas, fauchés par la mort comme « le moissonneur aligne les épis sous sa fau- « cille...

— « Mon enfant, je vais à Josnes, au quar-
« tier général, où j'apprendrai sûrement le
« chemin qu'a suivi mon régiment ; faisons
« route ensemble...

— « Oui, mon père, quand je rencontre un
« aumônier, mon sac me semble moins pe-
« sant. »

Le long du chemin, je découvris en lui une foule de connaissances. Il citait avec beaucoup d'à-propos et sans ostentation de fort beaux textes. Arrivés à Ourcelles, où nous devions nous séparer pour rejoindre nos corps, je voulus garder son nom comme un de mes bons souvenirs de campagne. Il écrivit sur une feuille de son carnet : Jean-Marie le D..., de Kéraenor, Plougras (Côtes-du-Nord). « Kérae-
« nor, me dit-il, ce mot veut dire : Peuple
« de la Croix, et nous ne l'avons pas oublié. »

Puis jetant un regard dont je n'oublierai jamais l'expression sur cette plaine immense, remplie de traînards, de voitures renversées, de chevaux morts, et au milieu de tout cela, des conducteurs réquisitionnés, jurant, blasphémant... « Voyez, père, *cecidit, cecidit Ba-*
« *bylon magna !...* Eh bien ! faisons notre
« devoir ; et si demain le plomb prussien

« nous tue, au ciel nous achèverons le
« texte de saint Jean : *Alleluia ! alleluia !*
« *alleluia !...* »

A Cravant, un officier de l'intendance, m'assure que l'état-major du 16ᵉ est à Josnes. Je n'ai plus rien à craindre, je reverrai les miens bientôt.

J'entre un instant dans l'église. Le curé faisait son catéchisme comme en temps de paix. Tout autour, dans le village, encombrement, confusion, bruit indescriptible. Cet officier qui m'avait suivi et était sorti en même temps que moi, me dit en souriant : « Est-ce la re-
« vanche que cet homme prépare?...

— « Mon lieutenant, si votre parole n'est
« pas sérieuse, elle est plus profonde que
« vous ne pensez. Au catéchisme on apprend
« à croire, et la foi, base de notre espérance,
« est la source du plus pur patriotisme. Sans
« le catéchisme, le péril social serait autre-
« ment redoutable... Ce prêtre enseignant
« paisiblement ses petits enfants au jour et à
« l'heure marqués, lorsque tout tremble au-
« tour de lui, me paraît bien fort... »

Il me rappelait involontairement ce pape

des catacombes qui, attendant l'heure du martyre, traçait d'une main tranquille les règles concernant la lampe du sanctuaire. Au-dessus de sa tête le soleil éclairait les bourreaux et les instruments de son supplice. Le puissant César faisait graver, en mémoire de son triomphe, une médaille avec cette inscription : *Deleto nomine christiano*, *A la mémoire de l'anéantissement du nom chrétien*. Le pontife sûr de l'avenir, réglait que désormais, dans toutes les églises de la terre, on allumerait une lampe au-devant du plus saint des mystères. Et cette flamme symbolique brillera jusqu'à ce que le soleil s'obscurcisse au dernier jour, lorsque ce monde aura accompli ses destinées.

De Cravant à Ourcelles la distance fut bientôt franchie, le désir de se revoir double les forces, mais je fus arrêté dans ce village assez longtemps par de pauvres blessés. Ourcelles, autant que je puis m'en souvenir, n'est qu'un passage qui dépend pour le spirituel et le temporel de Josnes. Il y avait bien des besoins, bien des souffrances. Le zouave retrouva les débris de son généreux bataillon, nous nous serrâmes la main et je pris le chemin de Josnes où j'arrivai à la nuit tombante.

M'étant bien assuré, en arrivant à l'état-major général, que le 33ᵉ était à Lorges, et y resterait le lendemain, j'acceptai l'hospitalité que m'offrait M. le curé. Il renouvela mon linge, me donna des bas et je couchai dans un lit ; mais ce bien-être auquel je n'étais plus accoutumé depuis longtemps n'obtint pas le résultat que mon digne hôte se proposait. Je ne parvins pas à me réchauffer, il me sembla que les draps étaient froids et humides, je regrettai la paille et ne m'endormis pas.

J'étais donc bien accoutumé à ma misère.

De bonne heure je pus dire la messe dans la belle église de Josnes, la première que je rencontrais où le vainqueur n'eût pas laissé sa trace ; et, après déjeuner, je me dirigeai sur Lorges, où je retrouvai le 33ᵉ. Ce qu'on éprouve quand on se revoit ainsi ne s'exprime pas bien, et de bonnes poignées de main reposent de bien des fatigues.

Il fallut raconter à chaque compagnie mon histoire de quarante-huit heures, plusieurs gîtes sont trouvés pour la nuit. Tout le monde espérait manger tranquillement sa soupe ;

mais le soir venu, les clairons sonnent et il faut se tenir prêt pour de nouveaux combats.

Une circonstance vint me rendre ce départ plus pénible. M. Lindé, du Mans, qui était accouru voir son fils et nous apporter à tous de précieuses nouvelles du pays, m'apprend que mon jeune frère, engagé aux zouaves pontificaux, est en ce moment de grand'garde sur le bord de la forêt de Saint-Laurent-des-Bois, à moins d'une heure de distance. Connaissant la résidence du 33ᵉ, il me faisait dire qu'il avait un pressant besoin de me voir. Le régiment se mettait en marche. Je ne pus que remercier Dieu de le savoir vivant. Dans ce temps-là, c'était beaucoup.

VII

Villorceau. — Combats autour de Beaugency. — Vendôme, jusqu'au Chemin-aux-Bœufs.

> *Inclyti nostri super montes tuos interfecti sunt.* (Reg.)
> *Et factus est planctus magnus in omni loco eorum.*
> Nos braves ont été tués sur vos collines.
> Et il y eut un grand deuil dans tout le pays.
> Monument des Mobiles de la Sarthe
dans l'église de Beaugency.

La nuit était venue lorsque nous arrivâmes à Villorceau. Le régiment trouva dans ce beau village des granges spacieuses, de bonne paille, et un sommeil réparateur.

Le commandant de Lentilhac qui avait reçu le commandement des trois bataillons du 33°, après la blessure de notre colonel, malade et épuisé à son tour, est obligé de le remettre au commandant de Musset.

Un service funèbre pour les soldats français, morts depuis la guerre, avait été annoncé le dimanche précédent dans cette paroisse, et préparé pour le mercredi 7 décembre, dans la belle église neuve. Sur l'invitation de M. le curé, j'accepte avec plaisir de dire la messe, à laquelle se rendirent beaucoup d'officiers et de soldats de toutes armes. Le recueillement était profond, l'émotion remplissait toutes les âmes. Nous avions là bien des hommes étrangers dans leur pays aux pratiques de la vie chrétienne, qui étaient venus tout simplement parce que leurs camarades étaient morts auprès d'eux pour la France.

Mais d'instinct chacun comprenait bien que la prière est le meilleur témoignage d'affection que le survivant puisse donner à ses frères.

La gloire comme le bonheur et la paix sont environnés de tant d'épines, de quelque côté qu'on les approche, qu'on a besoin de se consoler par la pensée de l'immortalité.

Immortalité de cette vie, non détruite mais changée, que prend l'homme en Dieu, comme l'exprimaient si bien, ce jour-là, ces paroles de la préface des morts conservée dans la liturgie orléanaise, et tirée de l'*Ep. de saint Paul* aux Corinthiens,

Tuis fidelibus, Domine, vita mutatur non tollitur..., et dissoluta terrestris hujus habitationis domo, æterna in cælis habitatio comparatur.

Après le déjeuner, le général Deplanque reçut l'ordre de nous conduire à l'ennemi.

L'heure était venue de nouvelles douleurs.

Le 33e montrera encore au pays des prodiges de bravoure et de générosité capables de consoler sa fierté dans la défaite ; mais des mères trouveront que cela leur a coûté bien cher.

Dieu seul connaît l'étendue du sacrifice qu'il va exiger d'elles.

———

Jusque-là, dit M. de la Touanne, nous avions été suivis assez mollement par l'ennemi, quand le 7, au matin, nous voyons qu'il dessine une attaque sur notre droite. Le général Deplanque a pris le commandement de la division, et M. l'amiral Jauréguiberry commande le 16e corps. A notre gauche est le 37e, à droite, la brigade Bourdillon. Tout à fait à droite sont des troupes fraîches, dites colonne Camô ou colonne de Tours. Ce sont ces troupes qui sont d'abord engagées. On nous fait porter vers Messas pour les appuyer. Nous assistons ainsi à un violent combat d'artillerie qui nous fait perdre peu de monde. Le capitaine Vétillart est blessé à la jambe par un éclat d'obus. Le soir venu, nous nous replions sur Villorceau. En arrivant près de Josnes, la tête de colonne du 2ᵉ bataillon, commandée par le capitaine Chartier, est coupée par l'artillerie, et trois compagnies se trouvent ainsi séparées de nous.

Elles se dirigent sur Beaugency et le lendemain sur Mer.

Le 8, au matin, nous nous trouvions donc déjà passablement réduits en avant de Villorceau. Nous étions en bataille en ordre inverse. Le commandant de Musset commandait le régiment ; les capitaines du Rivau, Couturié, du Luart, les 1ᵉʳ, 2ᵉ, 3ᵉ bataillons. A 9 heures, nous devons nous former. L'action est engagée chaudement du côté de Cravant. Bientôt le feu paraissant se ralentir, on fait une distribution de lard ; mais à midi les obus commencent à arriver à Villorceau. Les bataillons se portent en avant, déployant leurs tirailleurs, et placés de manière à soutenir les batteries ; mais assez avant pour n'avoir pas trop à souffrir du feu de l'ennemi. A notre gauche est le 17ᵉ corps, en avant et à droite, la brigade Bourdillon.

L'action s'échauffant, il faut renforcer les tirailleurs, puis l'artillerie voyant ses munitions lui manquer, ne tire plus que rarement. Alors les hommes soutiennent seuls pendant trois heures les efforts de l'ennemi. Les cartouches s'épuisaient, la journée s'avançait, il fallait en finir. C'étaient les tirailleurs ennemis embusqués dans la ferme du Mée qui nous faisaient le plus de mal. Le capitaine Couturié saisit le drapeau du régiment et s'élance à travers les vignes, suivi d'abord par sa compagnie ; d'autres volontaires accourent à lui et ils ne s'arrêtent qu'après avoir enlevé Le Mée. Ils y trouvent 97 Bavarois qu'ils font prisonniers. Les capitaines du Luart, du Trochet, les lieutenants Tessier, Robin, de Nicolaï, de Grandval, de Chavagnac, étaient arrivés des premiers, et le capitaine Couturié avait fait flotter le drapeau sur le bâtiment principal.

Malheureusement M. de Chavagnac avait été grièvement atteint de deux coups de feu. Les prisonniers faits, ils furent désarmés, et le lieutenant de Grandval dirigea le convoi d'abord sur Beaugency, mais les Prussiens y étant déjà, il alla jusqu'à Mer.

Malgré ce brillant fait d'armes, la position

était intenable. L'ennemi menaçait notre flanc, Villorceau était en flammes, les ordres donnés le matin indiquaient Mer comme point de ralliement, une grande partie des hommes se dirigea de ce côté.

Ce combat, si honorable pour nous, nous coûtait cher, près de 200 hommes blessés ou tués, dans ces deux journées des 7 et 8 décembre. Parmi les officiers, le capitaine Vétillart est blessé à la jambe, le 7, comme on vient de le dire ; le 8, le lieutenant Poché a le bras cassé par un coup de feu. M. Monternier reçoit une balle à la tête, et M. Rousseau est très-violemment contusionné par des éclats d'obus.

Ceux qui ne connaissent ces batailles que par les récits pâles et décolorés que nous essayons de leur en faire, n'auront jamais une idée exacte de ces luttes désespérées.

Peu avant de s'élancer dans les vignes avec tant d'impétuosité pour sauver le drapeau, et avec lui l'honneur du 33e, la capitaine Henri Couturié, exténué, marchait appuyé une main sur mon bras, et l'autre sur un échalas ramassé au bord du sentier. Le danger venu, il a bientôt oublié ses fatigues.

Je suis le récit de notre colonel, et je me demande après ce que nous avons vu, plusieurs heures durant, dans cette atmosphère de flammes et de mitraille, s'il ne vaudrait pas mieux dire, des bataillons de la Sarthe, cette parole célèbre, « ou nommons-les tous, ou n'en nommons aucun. »

Au milieu des angoisses, des incertitudes où l'on vivait, ne sachant rien du résultat, dans ce sanglant chaos, le lieutenant Roger de Nicolaï aperçoit parmi les soldats gisant sur la terre, un sergent-major qui vivait encore et dont le sang ruisselait. Il laisse un instant sa compagnie, s'élance, le rapporte à l'abri et puis s'en va tranquillement à la tête des siens, s'exposer au même péril.

Xavier de Chavagnac restera des mois entre la vie et la mort, et quand on l'a revu debout, sa guérison nous a causé à tous autant de surprise que de joie.

On a donc vu, dans un temps où tant d'hommes ne veulent songer qu'à leurs *droits*, de nobles caractères qui n'ont connu que le *devoir* et ont ambitionné l'honneur de le remplir au prix de leur vie.

Le sergent-major Lebouc subira l'amputation de la jambe. Mais lorsque nos concitoyens rencontreront dans les rues de la ville du Mans ce sympathique jeune homme, victime d'une lutte héroïque, sa blessure leur rappellera un suprême effort tenté pour l'honneur du drapeau. Ils se souviendront que le 8 décembre 1870, au soir, ce drapeau qu'ils avaient offert aux mobiles du 33e, n'a pas roulé dans la neige, n'a pas pris le chemin du vainqueur. Il est sacré par le sang de leurs enfants, et ils salueront avec estime un de ceux qui se sont dévoués pour le défendre. Son courage est visible ; il est écrit par le fer des Prussiens !

Ne vous plaignez donc point, mon ami, si une souffrance qui n'est pas entièrement guérie vous a mûri avant l'âge et séparé quelquefois, dans des moments de plaisir, de ceux de votre temps. Dieu vous garde des joies. Si vous êtes de ces illustres mutilés de la guerre dont le grand orateur a dit qu'ils n'ont plus de complet que le cœur, ceux qui vous ont connu ne manqueront pas de dire que chez vous le cœur est excellent !

Le soir, à Mer, il y avait environ 500 hommes. Le commandant de Musset, en y arrivant, apprit la présence du général Barry, et le capitaine Couturié vint lui rendre compte de la prise de Beaugency par l'ennemi. Les hommes se logèrent comme ils purent dans la ville, et la 6ᵉ compagnie du 2ᵉ bataillon alla de grand'garde sur le pont de Mer. Le lendemain le réveil était à six heures. Le commandant de Musset était parti pour Blois dans la nuit. Très-inquiet, sans ordre, n'ayant que des hommes exténués, il s'y rendit. Dès son arrivée, il en rendait compte. Les hommes étaient casernés à Saint Louis, et un conseil de guerre se réunissait, composé des généraux Barry, Peitavin et Michaux. Ces Messieurs donnaient l'ordre au commandant de se rendre à Tours, pour y reformer le régiment, et un train était requis pour l'y conduire. A Tours, où régnait déjà une vive panique, le commandant fut envoyé au Mans, où il arriva le 10 décembre ; les hommes furent casernés. Le lieutenant-colonel, non remis, aidé par le commandant de Lentilhac, accouru, quoique souffrant encore, les réorganisa, les reforma de manière à pouvoir les diriger sur la brigade au premier avis, et le commandant de Musset repartit immédiatement pour le 16ᵉ corps.

Cependant les hommes qui n'avaient pas rallié Mer étaient restés avec M. l'amiral ; M. le capitaine Boulay les commandait. Avec son activité et son intelligence bien connues, il coordonna bientôt tous ces éléments et suivit le sort de la 1re division. Le 10, ils étaient au château de Serqueux, et, en arrivant le 11 à Lussay, ils retrouvaient leurs camarades, ayant à leur tête les capitaines Chartier, Couturié, de Chenay. Les compagnies égarées étaient donc ralliées, et le 35e comptait alors environ 800 hommes. Le 12, il était à Pontijoux et y formait l'arrière-garde dans la marche sur Bois-la-Barbe. C'est là que le commandant de Musset le rejoignit. Le régiment était placé en avant de Vendôme, le long de cette petite rivière La Houzée, qui coule dans un ravin si encaissé, et couvrait la route de Blois. Le 15, la brigade dut traverser le Loir sur le pont de Naveil ; mais tandis que notre mouvement s'exécutait, l'ennemi attaquait très-vigoureusement les hauteurs de Sainte-Anne et celles de Bel-Essort. Nous repassâmes donc sur la rive gauche du Loir et nous y bivouaquâmes.

Le lendemain, il fallait, hélas ! se décider

à reculer encore, mais nous avions pu faire notre retraite de la manière la plus honorable. Depuis quatorze jours nous nous battions sans repos ni trève.

Pendant que les trois bataillons viennent se réunir au Mans, au moulin du Gué-de-Maulny, je retourne avec le brave commandant de Musset auprès de ceux qui étaient restés au delà de Vendôme.

Le dégel avait tout d'un coup succédé au froid rigoureux des premiers jours de décembre, et les hommes qui marchaient et couchaient dans la boue eurent beaucoup à souffrir.

Plusieurs en sont morts. J'en ai vu un, dans ces sillons dégelés où l'on enfonçait un pied avant, tomber et mourir en marchant auprès de ses camarades.

On se fait au feu, aux obus, aux balles, c'est l'affaire de quelques instants ; mais voir mourir de misère et de fatigue, on ne s'y accoutume pas. Et pourtant les camarades disaient en les voyant tomber : « Encore un qui est tiré de peine. »

Combien cela fait souffrir !

J'allai à la recherche d'un mobile de Bessé, Gautier, dont la mère veuve m'écrivait presque chaque semaine. Cette pauvre femme s'était imaginé que je pouvais sauver son fils, que je devais le lui ramener. Je le trouve, et l'encourage autant que je puis. Auprès de lui, le sous-lieutenant Avice, enveloppé dans son grand cache-nez à carreaux blancs et noirs, s'obstine à rester, sous la pluie fine, et ne tient aucun compte du conseil que je lui donne de prendre un peu de repos. Puis c'est le capitaine Boulay qui, avec la fièvre, reçoit, plie et met dans sa poche son billet d'ambulance et se fâche quand on lui dit de s'en servir.

Les campements des compagnies m'étant bien connus, je revenais à Vendôme pour attendre là au milieu de nos blessés et de nos malades l'heure de l'action, lorsque je rencontre sur le pont, en arrivant dans le faubourg, Marcel de Jumilhac. Le brave et noble jeune homme ! On ne pouvait le voir sans un serrement de cœur mêlé d'amertume. Il était facile de comprendre que la vie s'en allait. Ses traits n'avaient plus rien de l'épanouissement des premiers jours. Ses lèvres violacées et ses yeux cernés de noir avaient pris cette expression de douloureuse patience que donne une grande souffrance noblement supportée, ses pieds nus et gonflés ne pouvaient s'accommoder que de mauvais caoutchoucs. Je le supplie de partir pour La Ferté, de rester au château, où les soins de Mme la marquise le remettront. Il serre ma main sans répondre.

Il n'écoutera pas davantage les instances de ses compagnons d'armes. Il reviendra nous rejoindre et ce sera pour mourir à Laval.

A Vendôme l'accueil que les habitants avaient fait au régiment lorsqu'ils pouvaient compter sur sa bravoure pour les défendre, nos blessés et nos malades l'ont retrouvé dans la défaite et le malheur. Toutes les maisons leur furent ouvertes et chaque jour je fus témoin des attentions dont ils ont été l'objet.

Une seule ambulance était réservée. Installée dans les bâtiments de la caserne de l'Abbaye, elle avait été spécialement confiée par M. ou Mme Crémieux à des dames Israélites, et l'on avait dit au vénérable Archiprêtre qu'on le préviendrait lorsque sa présence y serait nécessaire. Je pus bien le premier jour passer devant la petite rue qui y conduit sans entrer ; mais le lendemain la tentation fut invincible, et je m'exposai à l'ennui d'être congédié.

L'aumônier n'est-il pas en effet le frère aîné de ceux qui combattent et le père de ceux qui souffrent ?

Je m'y rends donc, bien résolu à tenter tous les moyens de retrouver les miens. A l'entrée et au poste, personne ne m'a arrêté, ou seulement questionné, et je pus visiter toutes les salles. Je n'ai gardé aucun souvenir de la grande architecture de cette antique maison, noble débris d'un des plus beaux monastères des Gaules. Tous les souvenirs de Foulques de Néra, comte d'Anjou, et d'Agnès de Bourgogne étaient bien loin. On ne pensait même pas à cet illustre abbé de Vendôme qui avait reçu le titre de cardinal des mains du pape Alexandre III, et dont l'union avec le saint-siége était si parfaite, qu'on disait : — *Aucune personne entre le pape et l'abbé de Vendôme, de quelque qualité ou de quelque ordre qu'elle fût.*

La voix du commandement et le glaive ont remplacé, depuis 80 ans, sous ces cloîtres, le silence, l'étude et la prière ; en ce moment ils étaient remplacés à leur tour par la souffrance et la mort.

De tous ces lieux, je ne me souviens clairement que des planchers couverts de paille et des matelas tachés de sang.

A peine arrivé dans une des salles, un jeune mobile attache sur moi des yeux animés par la fièvre, agite ses mains libres, se lève brusquement : « Mon aumônier, dit-il, je suis de
« la 5ᵉ compagnie du 2, vous savez ?... je vous
« ai vu souvent avec mon capitaine... vous
« allez m'emporter...

« — Mon pauvre enfant, où voulez-vous
« que je vous emporte ?...

« — Où vous voudrez...

« — Mais je suis comme vous un étranger
« ici ; nous partirons demain, cette nuit peut-
« être, et à pied...

« — Oh ! cela m'est égal... je ne veux pas
« mourir comme ceux-ci, de ce matin... » Et il montrait du doigt deux pauvres soldats, dont les traits étaient contractés par la mort, et qui attendaient la sépulture.

« — Mais, mon ami, l'air va vous tuer
« peut-être...

« — Oh ! cela m'est bien égal... »

Et le pauvre enfant qui tremblait de tous ses membres s'enveloppe de sa couverture et s'attache à moi. Il me vint en ce moment à la mémoire qu'à une faible distance une ambulance avait été organisée dans l'hôtel de Mme la comtesse de Sarrazin.

Nous descendons lentement l'escalier. Je le portais autant qu'il se soutenait. Dans la cour de la caserne et le long du chemin, les soldats ou les passants s'écartent avec respect, sans rien dire. Nous arrivons bientôt. Là, comme je l'avais prévu, il fut accueilli, soigné, et lorsque je retournai le voir dans la soirée, sa physionomie avait un air plus riant. A genoux, près de son matelas sur le carreau, une dame lui lavait le visage et les mains.

L'heure vint du sommeil et du silence, et je rentrai dans la petite chambre que M. le curé nous avait ouverte chez lui.

Au milieu de la nuit, on accourt me prier de me rendre immédiatement chez Mme de Sarrazin où un soldat de la ligne, que j'avais confessé en passant, me réclame avec instance. Je le trouvai au premier, au fond de la cour, dans l'embrasure d'une fenêtre. Il se mourait. Au frémissement de son pouls, on sentait le

dernier effort d'une âme impatiente de se dégager de ses liens terrestres. Cependant, malgré ses vives souffrances, il avait conservé la plus entière connaissance. « Mon cher enfant,
« lui dis-je, vous m'avez appelé près de vous,
« vous avez peut-être oublié quelque chose
« dans votre confession d'hier soir.

« — Oh ! non, Monsieur, je vous ai bien
« tout dit, mais je sens que je meurs... Je n'ai
« plus que quelques instants à vivre... Je vous
« demande un grand service...Veuillez écrire
« à Paris, telle rue, tel numéro, Mme une
« telle... Nous ne sommes pas mariés, Mon-
« sieur ! Ah ! si Paris n'était pas assiégé, vous
« la feriez venir et vous nous béniriez sur mon
« lit de mort... mais écrivez-lui que je meurs
« dans la grâce du bon Dieu... que ma dernière parole, ma dernière pensée, mon dernier désir, le vœu sacré d'un mourant est de
« la conjurer d'élever chrétiennement mes
« enfants. C'est bien dur de mourir quand on
« laisse après soi sur la terre trois pauvres
« petits infortunés, qui n'auront pas même un
« nom sous lequel paraître dans le monde !...
« mais dites-lui que je la conjure de les élever
« dans ces grands et saints principes qui

« feraient, si l'on voulait, le bonheur de la
« vie et donneraient tant de consolation au
« moment de la mort...

« Mon pauvre enfant, lui dis-je, vos com-
« missions seront faites, je vous le promets.
« Mais, vous-même, vous avez donc été bien
« chrétiennement élevé ?

« — Bien chrétiennement, oh ! oui, Mon-
« sieur, par ma mère et par le digne abbé
« Deguerry, curé de la Madeleine... Ah ! si
« j'avais suivi leurs conseils !... Marié légiti-
« mement, je n'aurais pas été rappelé comme
« ancien soldat... Mais il est une chose qu'ils
« m'avaient enseignée, et que je n'ai jamais
« oubliée, de me recommander chaque soir à
« la sainte Vierge par une petite prière...»

Je restai près de lui jusqu'à sa mort qui ne tarda pas, et sa dernière parole fut de confier à la Providence de Dieu ses pauvres enfants. *Orphano tu eris adjutor...*

Et ce suprême appel a été entendu. Après bien des recherches, j'ai eu le bonheur de découvrir sa famille, et sa sœur m'a annoncé qu'elle veut se charger de ses trois enfants. Ils seront élevés selon les intentions de leur père. . . . .

Peu de jours après, le régiment venait prendre position en avant du Mans, dans le *Chemin-aux-Bœufs,* entre les routes de Ruaudin et de Parigné, et depuis celle-ci jusqu'à la moitié de la route du Mans à Changé.

Après une semaine de brouillards, de pluies glacées, flocons de neige, tempête et ouragan d'hiver qui assombrissaient le ciel et l'âme, le froid reprit la même intensité qu'au commencement du mois.

VIII

Chemin aux Bœufs. — Changé. — Les Arches. — L'Epau. — Le Tertre de Changé, — Le Tertre-Rouge.

> Pour qui connaît le génie et la fortune de la France, son infériorité numérique n'offre point d'explication suffisante. Le dernier mot de toutes ces choses, c'est que Dieu nous avait abandonnés aux mains de nos ennemis.
> Mgr de POITIERS.

Nous voici donc devant le Mans, campés dans ces sapins si connus de la plupart d'entre nous, et qui protégent cette ville au midi.

Qui eût pu le prévoir, au lendemain de Coulmiers, lorsque, pleins de confiance, nous tournions nos yeux vers la plaine où nous ne devions plus tarder à rejoindre l'armée de Paris ? Depuis, les Prussiens ont poursuivi leurs conquêtes, et le drapeau autour duquel nos campements sont groupés ne connaît plus la victoire. La tristesse virile qui n'exclut pas le courage a remplacé l'espérance. On a vu la fumée s'élever de tant de villages brûlés depuis deux mois, qu'on n'est pas sans inquiétude pour le Mans. On parle beaucoup de la belle position du Tertre-Rouge ; mais quelle position importante a pu être conservée depuis le commencement de la guerre ?

Les bataillons prennent leurs positions le long du chemin aux Bœufs.

Ce chemin commence au haut du bourg d'Arnage, à l'endroit où furent inhumés les Vendéens après les combats de décembre 1793 et aboutit près de la lune d'Auvours, après avoir fait communiquer entre elles les routes d'Angers, de Tours, de Parigné, de Changé et de Paris. Il devait être le théâtre de faits d'armes de la plus haute importance.

Jusqu'à présent la tente avait bien protégé contre la neige et diminué l'action du vent ; mais le froid reprenait sa première rigueur, et nos soldats reçurent avec joie la permission de creuser des trous en terre, de se construire des *gourbis* qui devinrent de précieux abris. Ces excavations ingénieuses, d'un mètre à peu près de profondeur, et pouvant contenir une dizaine d'hommes, couvertes de mottes de terre et de branchages, au détriment un peu des jeunes sapins des environs, conjurèrent une partie des malheurs qu'on pouvait attendre d'un pareil hiver.

A deux pas de la famille, c'était pénible pour plusieurs ; mais si les parents vinrent visiter ces habitations originales et s'apitoyer sur le sort des mobiles, ceux-ci profitèrent de l'occasion pour faire à la bourse paternelle de fréquentes saignées. La mère versait ses larmes... et son argent. Dans ce trou, chacun faisait de son sac un oreiller, on se *recoquillait* de son mieux, et le sommeil venait tout de même.

En y descendant le soir, en attendant les combats du lendemain, on levait vers le ciel un regard, on adressait cette courte prière du soldat que Dieu entend toujours et qui rappelle celle que le pauvre pêcheur des côtes de Bretagne prononce debout, tête nue, quand il va quitter son port et se livrer au premier flot : « Mon Dieu ! gardez-moi, car ma barque est « petite et la terre est bien grande !... »

La cuisine était conforme au logis. Ce serait une curieuse besogne que de la décrire et de montrer par quel tripotage ingénieux le soldat en campagne échappe à la famine.

Un jeune négociant, sous-officier au 33ᵉ voit venir, un soir, un des employés de sa maison, brillant de propreté, chaudement vêtu, son chapeau à la main. Il l'invite à prendre sa part d'un souper hypothétique. Dans la marmite de fer-blanc qui tenait son équilibre comme elle pouvait, de son mieux, entre deux pierres, la soupe se faisait, la soupe, c'est-à-dire un composé de viande, de riz, de lapin et de neige fondue. « Vous voyez
« bien, lui dit-il, que c'est nourrissant, appé-
« tissant, prêt à servir ; mais c'est bien tout
« ce que je puis vous offrir. Je n'ai en ce
« moment ni chaise, ni table, ni assiette, ni
« beurre, ni œufs, ni lait, ni pain...

— « Qu'avez-vous donc alors ?...

— « Eh bien ! nous avons... bon appétit et
« nous allons souper comme des rois... »

Le jeune homme ne se laissa pas séduire ; mais lorsqu'il fut parti, le sous-officier me dit : « Ce que c'est que la guerre ! Sans elle j'igno-
« rerais les douceurs de l'aisance et le bien-
« fait de la paix. A la maison jamais rien ne
« se trouvait à mon goût, mon lit était rare-

« ment bien fait. Ah ! si j'y rentre quelque-
« fois !... »

Malgré cela on s'invitait, et ces relations de cœur ont contracté de ces circonstances un prix et un charme inexprimables. La souffrance endurée en commun est un lien bien fort entre les hommes, et Dieu a voulu que le cœur de l'homme ne pût devenir grand qu'à la condition de souffrir. Sans cela, il courrait le danger de tomber bien vite dans la vulgarité des petits plaisirs et des petites vertus.

Noël vint comme d'habitude, mais, pour nous, dans des circonstances on ne peut plus dures ; et tous ceux qui en ont été témoins n'oublieront jamais cette messe en plein vent, sous quatorze degrés de froid, dans la section du chemin aux Bœufs, qui relie ensemble les routes de Parigné et de Ruaudin.

Une famille de Pontlieue qui nous a tiré d'embarras plus d'une fois, envoie le charpentier avec des planches dresser l'autel, dans une éclaircie de sapinière, sur la bruyère couverte de neige. Le fils jeune, tandis que son frère aîné, notre capitaine, est retenu blessé sur son lit, et que le second occupe une place d'honneur au siége de Paris, le fils jeune, dis-je, laisse un instant les chers malades qui remplissent sa maison et brave le froid pour m'assister à l'autel. Je ne sais quelles pensées roulaient dans son cœur ce jour-là ; mais je crois qu'il avait déjà entendu l'appel d'en haut, reçu le don de Dieu par excellence. Depuis, il a sacrifié toutes les espérances terrestres, et ceux qui connaissent les tendresses dont il s'est séparé, comprendront la puissance du sacrifice.

A un feu de bivouac, à droite de l'autel, un soldat chauffait des linges dont j'entourais le calice, et mes doigts étaient tellement engourdis par le froid que M. Ernest Vétillart tournait lui-même les feuillets du missel. Encore était-il obligé de tenir le pied du calice afin de le protéger contre le vent, lorsque je me retournais pour le *Dominus vobiscum*.

La plupart de MM. les officiers des 2e et 3e bataillons, debout et le dos appuyé contre les sapins, entendirent cette messe. Dans ces lieux, à pareil jour, après tant de vicissitudes, elle avait un sens profond, et la grandeur de l'acte était comprise.

Au loin, la sentinelle veillait, appuyée sur

ses armes, et tournée vers le lieu du sacrifice.

Je n'ai pas l'ambition d'écrire l'histoire des grandes opérations qui ont rendu célèbre le chemin aux Bœufs. Un officier dont le 33e est fier, qui sert aujourd'hui son pays avec la plume, comme il avait su défendre son drapeau avec l'épée, les a décrites longuement et avec une précision remarquable. Nous croyons que *La Bataille du Mans*, de M. Mallet, sera accueillie avec faveur non-seulement par ceux qui ont pris part au combat, mais encore par tous ceux qui ont quelque souci de l'histoire et de l'honneur de notre patrie.

Le désir de mon cœur, en publiant ces lignes a été seulement de rappeler le souvenir, dans les temps où les émotions sont si peu durables, sur ceux qui sont tombés.

La température, malgré les gourbis, devenait tout à fait intolérable, la neige tombée depuis plusieurs jours couvrait le sol, et le général donna l'ordre de cantonner les hommes. Les 1er et 2e bataillons furent envoyés à la Bazolière et aux Épinettes, hameaux et fermes situés au bas du coteau. Le 3e bataillon conservera son bivouac, mais il sera amélioré avec des terrassements, des branches de sapin, et les hommes recevront des peaux de mouton.

— 31 décembre. —

Triste retour des choses humaines !

L'année qui achève son cours et tombe dans cet abîme qu'on appelle le passé et la nouvelle qui va se lever sur le monde n'éveillent en tous ces cœurs virils aucun battement joyeux. Tant et tant d'événements malheureux ont labouré nos âmes qu'elles ne tiennent vraiment plus à grand'chose. On ne pensait qu'à l'heure présente et elle était pleine d'amertume.

Je ne dis pas la messe. J'avais eu beaucoup de peine à finir celle de Noël dans les conditions que je viens de raconter, et la prudence me conseilla d'attendre un temps plus doux.

Au commencement de janvier, Monsieur l'Aumônier du bataillon de La Flèche, malade et épuisé, s'étant retiré, et tout espoir de le voir revenir étant perdu, je fus chargé, comme au début, des trois bataillons du régiment, qui du reste, jusqu'à la fin de la campagne, ne devaient plus se séparer.

Mais quelle différence, et combien les temps sont changés !

A Blois, au commencement d'octobre, le 33ᵉ comptait 3,600 hommes, aujourd'hui il atteint difficilement 1,800, et s'il fallait réformer tous ceux qui sont hors d'état de marcher, son effectif serait bien moins considérable encore.

Le régiment fut réorganisé. Le général Deplanque (1) voulait nous refondre en deux bataillons. Le colonel, sachant combien nous étions désireux de rester nous-mêmes et de ne pas voir d'autres éléments s'adjoindre à nous, combattit ces dispositions et obtint, non sans peine, que le régiment serait reformé sur lui-même à trois bataillons de six compagnies chaque, ce qui, cadres compris, donnait à chaque compagnie cent hommes à l'effectif. La 7ᵉ disparaissait forcément, et nous nous trouvions ainsi comme dans les régiments de marche. Dans les 1ᵉʳ et 2ᵉ bataillons, les hommes des 7ᵉˢ furent versés dans les six autres compagnies. Quant au 3ᵉ bataillon, tous les officiers de la 1ʳᵉ compagnie ayant disparu par

---

(1) M. le vicomte de la Touanne.

suite de blessures ou de maladies, ce fut au contraire la 7ᵉ qui devint le nº 1. Les capitaines titulaires prirent leurs commandements de façon que le commandant de l'ex-7ᵉ fut l'adjudant-major. Les officiers comptables prirent rang dans ces compagnies fictives, et nous nous trouvâmes ainsi reformés sans que nos cadres eussent été diminués, et le service était rendu plus facile.

Le colonel tenait d'autant plus à ce système, qu'il pouvait ainsi faire récompenser les sous-officiers qui s'étaient montrés si vaillants et si dévoués. Autrement il n'y aurait pas eu de vacances, et par conséquent pas de promotions, ce qui eût été à la fois injuste et décourageant. Nous pûmes donc applaudir à des nominations nouvelles et bien méritées. Par contre, le 2ᵉ bataillon perdit tout espoir de revoir à sa tête le commandant de Montesson qui fut remplacé par le capitaine Simonard, du 3ᵉ bataillon.

La guerre crée une célébrité aux villages et aux plus simples hameaux. Dans cette grande paroisse de Changé, pas une maison qui n'ait pour nous des souvenirs. Depuis la Tuilerie, les Épinettes, la Paillerie, les Courpins, Chef-Raison, le Serquoit, les Auneaux jusqu'à la Borde, depuis le Gué-Perray, les Arches jusqu'à l'Épau, les chemins ont toute une histoire. Il y a là des fossés, autrefois à peine connus des pâtres, qui ont vu des escarmouches et des faits d'armes importants.

Là, dans la neige, sans témoin, pendant deux nuits douloureuses, plusieurs ont répandu des larmes et du sang.

Le 6 janvier nous arrivait un nouveau général de brigade, le capitaine de frégate Ribell. Le choix qu'avait fait de lui l'amiral Jauréguiberry est déjà un éloge. Comme lui, marin et Béarnais, il eut bientôt conquis tous les cœurs, et le 33e eut ce bonheur d'être distingué tout de suite et aimé par ce cœur loyal et généreux.

Nos cantonnements furent encore une fois modifiés ce jour-là. Un bataillon à Chef-Raison, un autre dans le bourg de Changé, et le 3e au Tertre (de Changé), pour défendre des ouvrages d'artillerie.

Je trouvai chez le bon doyen un accueil paternel qui me rappelait les meilleurs jours de Vendôme et du petit séminaire Saint-François, mais je n'ai pu en profiter que trois jours.

Le 9, au matin, j'étais habillé pour dire la messe, lorsque le lieutenant, M. le comte Roger de Nicolaï m'envoie prévenir que le régiment allait partir Je le suis sur-le-champ. Je serai quatorze jours sans monter à l'autel. Le temps allait venir de malheurs et de souffrances comme nous n'en avions pas encore rencontrés.

Le 9, à midi, l'ordre nous arrivait de nous porter tout à fait à gauche ; nous devions nous rallier au 17° corps qui se trouvait à Yvré et en avant de l'Huisne. Le 1er bataillon se cantonne dans les fermes situées à droite du château des Arches ; le 2° est dans la ferme du château ; quant au 3°, il va jusqu'auprès du pont, mais là, les maisons sont occupées et on ne se presse pas de les rendre. Aussi le cantonnement se fait-il avec beaucoup de difficultés. Une forte grand'garde est établie sur le chemin de fer, et nous occupons aussi l'embranchement des routes de Paris et de Saint-Calais. Le 37° était à notre droite, et, à gauche, le 17° corps, à Yvré (Auvours).

Le lendemain 10, nous devons tenter une

attaque de vive force et chasser les Prussiens d'Ardenay et de Parigné. Le réveil sonne à six heures. Nous sommes dans un chemin creux derrière les sapins, entre la route d'Yvré et les Arches ; on y fait les distributions. D'abord, nous n'entendons que le canon dans le lointain, puis, vers midi, la fusillade commence. Nous sommes prêts à marcher. Bientôt l'action devient très-chaude à Changé et à Amigné, que défendent le 37e de marche et le 62e. Ils soutiennent seuls jusqu'à trois heures une lutte qui devenait à chaque instant plus inégale, les cartouches commencent à leur manquer, ils étaient menacés par un ennemi qui manœuvrait de manière à les envelopper sûrement.

Nous étions alors sur la route d'Yvré à Changé. Le colonel Ribell nous donne ordre de porter secours à nos camarades de brigade. Le 3e bataillon doit garder le pont de Noyers et assurer ainsi notre retraite. Les deux autres partent au pas de course et se jettent, le premier dans les jardins situés à gauche du bourg, en avant du cimetière, le 2e dans les sapins, plus à gauche, et dominant la petite vallée. L'ennemi attaquait le village.

La fusillade commence aussitôt avec une grande vivacité. Les Prussiens, d'abord étonnés, renouvellent leur tentative, mais ils la payent cher, car nous maintenons un feu écrasant et si vigoureux que l'ennemi recule, et les deux régiments d'infanterie se trouvent dégagés. Nous avions ainsi tenu dans nos positions jusqu'à près de huit heures du soir.

Là, comme à Loigny, le 37e de marche a tenu jusqu'au bout, sans songer à la retraite parce que, selon le mot héroïque d'un de ses officiers, « il se croit destiné à protéger par sa bravoure la retraite de sa division. » Ce régiment, un des meilleurs de l'armée de la Loire, privilégié en officiers et en soldats, a toujours été mis à l'ordre du jour de l'armée par sa belle conduite, sa résistance obstinée et ses pertes. Son sang a coulé par torrent sur tous les champs de bataille de la 2e armée de la Loire, et toujours il renaissait de ses cendres, puisant une vie nouvelle dans le sacrifice. Après trois mois de campagne, de 3,600 hommes, il est réduit à 1,100. Je crois que le cadre de ses officiers avait été en partie formé avec la légion d'Antibes.

Ce régiment a été uni avec le 33ᵉ jusqu'à la fin de la campagne par une camaraderie charmante, et j'ai trouvé auprès de ses officiers et de ses soldats un fraternel accueil. Ils m'ont exprimé souvent le regret de n'avoir pas d'aumônier à eux ; aussi, lorsque, retenu à côté des miens, je les croyais sous la fusillade, sachant combien dans une heure le plomb peut faire de victimes, je souffrais cruellement de penser que plusieurs de ces braves, tombés là-bas, rougissaient la neige de leur sang, voyaient venir la mort à pas lents, la mort sans secours, parce que le vainqueur les séparait de la main amie qui pouvait adoucir leur agonie et leur fermer les yeux.

Comme je demandais à Dieu de les secourir lui-même et de les consoler de mourir ! C'est dans ces moments-là qu'on sent bien l'inappréciable bienfait de la foi.

A l'heure où les victoires nous échappent, a dit Monseigneur de Poitiers en parlant du 2 décembre, en voici une qu'on ne nous ravira pas et dont le ciel connaît seul tout le prix. Dieu ne m'a pas révélé ses secrets, mais je

tions pour certaine la parole de J. de Maistre que je vais vous dire : « Oui, durant ces nuits de bataille, il y eut dans le cœur de plus d'un héros chrétien tel mouvement, telle acceptation capable de sauver la France. »

Le général Ribell n'obtint pas de toute la brigade la valeur qu'il désirait. Fatigués, plusieurs fléchirent. Hélas ! faut-il le dire ? Plusieurs, franchissant la haie, à droite du cimetière, en regardant le bourg, se rendirent au village dans l'espoir d'y être faits prisonniers. Mais ceux qui avaient été pris involontairement et dont l'âme était fière, ont dû les accueillir la rage dans le cœur.

La main du général, crispée, serrait les rênes de son cheval, et nos trois bataillons rentrent avec lui aux Arches, mornes, silencieux, désespérés.

La veille, M. Descombes et sa famille nous avaient offert à tous l'hospitalité la plus généreuse, et avant de quitter ce château qui n'offrait plus aucune sécurité, avaient donné des ordres pour qu'il ne manquât rien aux officiers français campés aux alentours. Les blessés que nous pûmes recueillir furent apportés et déposés dans les appartements du rez-de-chaussée. Je fis coudre une croix rouge sur une serviette, et attacher au toit ce petit drapeau d'ambulance, dans l'espoir de protéger leurs souffrances ou leur mort. C'était aussi la seule manière qui fût en notre pouvoir de reconnaître l'hospitalité de cette maison. Cette précaution ne devait servir à rien.

Après le souper, le général me prie de l'accompagner dans le salon qu'on appelle, je crois, le salon de peinture, où un bon feu brillait dans la grande cheminée de briques rouges. Il se promenait de long en large, s'arrêtant quelquefois brusquement. De grosses larmes, qu'il voulait refouler, montaient de son cœur valeureux, et m'adressant ces paroles :
— « Monsieur l'aumônier, » dit-il, « c'est
« mon début sur terre..... et je commence par
« la perte de Changé !.. Je suis ici sans ordres,
« sans renseignements depuis deux jours.....
« En recevant un commandement dans l'Ouest,
« qui m'est inconnu, j'ai demandé des cartes,
« et il n'y en a pas... J'étais accoutumé à com-
« mander des braves... et aujourd'hui vous
« m'avez vu descendre de cheval, et, général
« de brigade, pousser les hommes au combat

« avec la vigueur de mes deux bras... Je suis
« fixé!... je suis fixé!... Vous êtes du pays,
« vous ne me quitterez point. Je n'ai pas d'of-
« ficier d'ordonnance... Ah! il n'y a pas long-
« temps, je commandais des marins, je devais
« en choisir plusieurs pour les envoyer faire
« une reconnaissance importante qui allait
« mettre leur vie en danger... tous voulaient
« partir... tous!... vous entendez bien, Mon-
« sieur l'aumônier!... »

En ce moment, le colonel du 37ᵉ entra, courbé, à peine remis de sa blessure du 9 novembre. « Mon général, dit-il, je n'ai plus de régiment, je viens de perdre huit officiers et deux cents hommes!... » Le général lui serra la main sans parler. Le colonel Mallat vint s'asseoir auprès du feu et se réchauffer un peu. Ses traits étaient bouleversés. Depuis que je sais que ce noble officier a trouvé la mort en entrant dans Paris, à la tête de son brave 37ᵉ, les traits de son visage, comme aussi tous les détails de cette nuit sont revenus souvent à mon souvenir.

Il y a eu là quelque chose de solennellement triste, qui ne se peut oublier.

Le général continuait à marcher à grands

pas. « Monsieur l'aumônier, me dit-il, vous êtes du pays, vous connaissez à fond les sentiers qui vont au plus court, vous allez me rendre un service... Voulez-vous aller porter au général Chanzy, au Mans, la nouvelle de la prise de Changé ?

« — Oui, mon général. »

Puis il se ravisa : « Mais j'ai dit que vous ne « me quitteriez pas cette nuit... Désignez-moi un officier de votre régiment dans lequel je puisse me fier pleinement.

« — Mon général, il ne manque pas au 33^e
« d'hommes de résolution auxquels vous pou-
« vez confier une mission ; il y a du cœur sous
« nos uniformes J'ai vu tout à l'heure, auprès
« du perron du château le lieutenant A. Le-
« meunier ; vous pouvez sans crainte lui don-
« ner vos instructions... »

Il l'envoie chercher par le planton. Mais son capitaine, M. H. Couturié, vient immédiatement et annonce que la compagnie part en grand'garde.

« Oh ! la grand'garde, reprend le général,
« n'y touchons pas... C'est notre dernière
« garantie cette nuit... Monsieur l'aumônier,
« vous en avez un autre.

— « Mon général, à deux pas d'ici se trouve
« le lieutenant Avice. Il connaît parfaite-
« ment les lieux, vous pouvez lui donner
« votre confiance, il sera bientôt de retour. »

Le général remit la dépêche au lieutenant qui accomplit en deux heures cette mission qui n'était pas sans danger. Chez lui le courage vaut les jambes et ce n'est pas peu dire !

La position de la brigade aux alentours des Arches n'était plus tenable. Au jour, les Prussiens ne pouvaient manquer de nous voir et d'essayer de nous jeter dans l'Huisne. Vers minuit, le général fait donner tout bas aux compagnies l'ordre de partir. On leur recommande de ne faire aucun bruit. Défense même est faite d'allumer des cigarettes.

La lune brillait, jetant sur tous ces lieux ses rayons d'argent.

Afin de n'être pas aperçus par les avant-postes de l'ennemi, nous suivons au bord de la rivière le sentier des pêcheurs. Le défilé fut long, silencieux, le bruit de nos pas s'amortissait dans la neige... On n'entendait que des toux opiniâtres impossibles à comprimer. Les compagnies se reformèrent dans le grand chemin qui va de Noyers au Mans par l'Épau.

Nous laissons à droite la route de l'abbaye et prenons à gauche au travers des sapins.

On s'arrêta un instant.

Le silence était de commande, mais personne n'avait envie de le rompre. Il y a des moments où le cœur est plein de choses qu'il ne veut pas dire, parce qu'il sait bien qu'il ne les rendra pas parfaitement, et l'on comprend cette grande parole que « le silence doit être la patrie des forts! »

Autour de nous, les jeunes sapins penchant tristement leurs cimes chargées de neige semblaient aussi fléchir sous l'adversité. A notre droite, les grands toits aigus de l'Épau sur lesquels la neige gelée avait glissé, se dessinaient couleur de plomb dans ce ciel sans nuages. Et nous les regardions avec une émotion silencieuse. Tout un monde de souvenirs se réveillait en nous. Un capitaine me dit tout bas à l'oreille : « Si les moines de l'Épau avaient continué à chanter *Matines*, nous n'en serions peut-être pas où nous en sommes !... »

Nous arrivons au Tertre, et nous allons nous asseoir dans les fossés et retranchements creusés par le génie, à droite de la route du Mans à Changé, et sur la gauche de cette même route, plusieurs compagnies du 3ᵉ bataillon occupent une sapinière. Ce que les hommes ont eu à souffrir, douze heures durant, assis ou à genoux dans la neige, en silence ; le fusil braqué, malgré le froid, la fatigue et la faim, le long de ces haies percées de meurtrières, ne peut s'exprimer. Défense encore avait été faite d'allumer aucun feu, une cigarette même, l'ennemi est à deux pas, et il ne faut pas se compromettre en des luttes prématurées. Au jour nous apercevons parfaitement les Prussiens à soixante mètres de nous. Ils avaient sans doute reçu comme nous l'ordre de ne pas attaquer. La neige tombe à flocons. Des hommes se battent en riant à coups de boules de neige.

Ce fut à ce moment que les deux grand' gardes française et prussienne, qui s'étaient avancées l'une vers l'autre, et sans armes, se battent avec la neige.

Un grand Bavarois, qui s'était risqué jusqu'à venir au milieu de nos campements, ne paraît pas fâché de rester prisonnier. Ce combat de boules de neige était le prélude de la chaude affaire qui devait quelques heures plus tard, ensanglanter ces lieux.

Entre peuples qui ont reçu le baptême, un semblable combat ne devrait-il pas suffire à régler les différends. La neige ranime la chaleur et les forces, au lieu que le glaive blesse et ne guérit pas.

J'ai lu dans de vieilles archives percheronnes, qu'au temps de la minorité de saint Louis, le sire de Coucy, dans un accès de mauvaise humeur contre la régente, voulut se déclarer roi de France, au château de Brunelles, dont les ruines portent encore aujourd'hui le nom *des vieux murs*. La cour était à Bellême. Blanche de Castille vient sur-le-champ accompagnée du comte de Rotrou, du sire de la Manordière et du seigneur de Bellême. Le sire de Coucy vaincu se soumet et obtient son pardon. « Le combat, dit le vieil auteur, fut *moult* acharné, il dura trois jours, il fut tué ou blessé seize hommes. » Était-ce à coups de boules de neige ou de bâton ? Le manuscrit ne le dit pas....

Mais à quoi sert alors que l'humanité progresse, si l'énergie de l'homme ne s'applique qu'à perfectionner les engins de destruction !

Un peu avant midi, nous sommes relevés, et le jeune officier qui établit ses hommes dans le fossé, me dit en souriant. — « Fait-il bon « ici, Monsieur l'aumônier ?

— « Mon lieutenant, lorsque vous y aurez « vécu douze heures, vous en saurez quelque « chose... »

Hélas ! moins d'une heure après ils ont payé de leur vie leur résistance. Les sapins meurtris par les balles témoignent encore aujourd'hui de la vigueur de l'action.

Et dans les fossés qu'un sang si généreux a sacrés, au-dessus du champ qui descend dans la direction du Levant, ils sont là, les uns auprès des autres, réunis dans le même repos. Dieu seul connaît leurs noms. Peut-être avec eux se trouvent quelques Prussiens, puisque les peuples ne fraternisent que dans la mort. (1).

---

(1) Plusieurs fois depuis j'ai visité ces lieux, les fosses ne sont plus visibles, le niveau s'est bien vite fait sur la tombe de nos pauvres chers camarades. L'herbe y fleurit et la vie a repris sur la mort; mais l'oubli ne viendra pas s'y asseoir. On m'a bien dit que dans les environs, des cultivateurs ont labouré sur les fosses parsemées dans leurs champs ; je ne

C'était le mercredi 11 janvier.

Nous allons reprendre notre ancienne position sur le chemin aux Bœufs, la droite à la route de Ruaudin, le 37ᵉ à notre gauche. Nous restons ainsi toute la journée sac au dos (1). La lutte est acharnée à notre gauche, à droite l'engagement paraît moins violent, et c'est pourtant alors que se décide le sort de la bataille du Mans. L'ennemi, ne pouvant nous tourner et nous couper des ponts d'Yvré, fait une marche de flanc et se porte sur notre aile droite. Les mitrailleuses placées sur la route de Parigné, lui font beaucoup de mal, mais il continue sa marche sur Ruaudin et s'y établit; d'autres corps tâtaient la position du Tertre-Rouge. Là devait se trouver la division de Curten. Mais cette division n'ayant pu arriver à temps, on l'avait remplacée par des mobiles débarqués de la veille, mal équipés, mal armés et peu confiants. Croyant la journée finie, ils se mirent à faire la soupe et se laissèrent surprendre par les Prussiens.

---

puis le croire, on a trop de respect dans notre pays pour la cendre des morts. Ces humbles sépultures devraient plutôt être le but de patriotiques pèlerinages.

(1) M. le colonel de la Touanne.

C'en était fait.

Maître de cette position, l'ennemi commandait la ville, et notre retraite devenait d'une difficulté inouïe. Prévenu de ce grave événement, le général en chef voulut y remédier immédiatement. Trois colonnes devaient enlever le Tertre à la baïonnette, l'une venait de Pontlieue, l'autre d'Arnage et enfin nous, nous devions déboucher par le chemin aux Bœufs. Nous nous formons en colonne par demi-section ; la baïonnette est au canon. Nous attendons plus d'une heure, mais les autres colonnes ne prononçant pas leur mouvement, le général Deplanque nous ordonne de ne pas avancer.

Nous restons ainsi toute la nuit ; les grand'-gardes sont attaquées à chaque instant, une partie même de la 2ᵉ compagnie du 3ᵉ bataillon est enlevée, il nous faut courir aux armes à chaque minute.

Le jour paraît et éclaire pour nous un triste spectacle. Nous ne voyons presque que des fuyards : les batteries ennemies, placées sur le Tertre-Rouge, nous prennent d'écharpe et nous font beaucoup souffrir ; à dix heures et demie, nous n'avions pas encore d'ordres, Enfin, le commandant de Lentilhac se décide à se retirer.

Nous nous déployons en tirailleurs et nous couvrons ainsi notre retraite ; mais nous sommes en butte au feu de l'ennemi qui est assez violent pour nous faire perdre pas mal de monde. C'est à ce moment que le sergent-major Lepelletier reçoit deux balles, dans le côté et dans le ventre, qui le blessent mortellement. Il supplie qu'on l'emporte, et ses camarades ont bientôt organisé un brancard et une couche de feuillage, et le portent sur leurs épaules. Nous arrivons ainsi à la route de Parigné, couverts à gauche par la 4e compagnie du 2e bataillon, capitaine Legou. La 3e du 1er déployée à droite, sous les ordres du capitaine Bomer, ne peut revenir qu'en passant sur le pont du chemin de fer quelques instants avant sa destruction.

Le commandant de Lentilhac ramène ainsi doucement le 33e, dans le meilleur ordre, malgré les obus qui, à droite et à gauche, tombent dans les sapins.

On a beaucoup parlé du Tertre-Rouge ; tout le monde a voulu dire son mot sur cette lamentable affaire, et quelques-uns ont attaqué, avec passion, les malheureux mobilisés de Bretagne. La vérité se fera jour plus tard. On saura que ces hommes avaient quitté leurs foyers animés d'un vrai patriotisme, mais que l'oisiveté dans les boues fangeuses du camp de Conlie n'avait pu en faire des soldats. L'instruction militaire, l'organisation, les armes, tout leur manquait. Le temps était atroce ; nous en avons vu plusieurs ainsi que deux mobiles du 75e dont les pieds ont gelé pendant cette nuit.

Lorsque arriva au 33e la nouvelle de cette déroute, on se la communiquait avec consternation. Les enfants du Mans savaient bien que cette position du Tertre-Rouge était la clef de leur ville. Des hommes traversaient notre camp, épouvantés, disant que tout est perdu, que, demain avant l'aube, l'ennemi aurait fait son entrée dans la ville. Et cependant les trois bataillons tiennent leurs positions comme nous venons de le raconter.

Épuisés de lassitude et de faim, plusieurs tombaient sur la neige durcie. C'était un douloureux spectacle.

A côté de ses défaillances, le Tertre-Rouge

a eu aussi ses hommes de cœur qui se sont défendus jusqu'à complet épuisement de cartouches.

Nous en avons vu un aussi remarquable par la vigueur de son caractère, que par l'élévation de son esprit et son exquis savoir-vivre; un jeune lieutenant du génie, M. Guinot, dont la main gauche, broyée par un éclat d'obus ne faisait plus aucun mouvement. Il sait qu'à Pontlieue se trouve la famille d'un de ses amis de l'école d'application, il s'y rend et reçoit tous les soins dont il a besoin. Il y restera de longs jours. Il y a dans cette maison, pour tout ce qui est bon, une tendre bienveillance, un respect pour tout ce qui est grand. « La
« Providence a permis, me disait-il, que je
« sois blessé tout près d'ici... un peu plus loin,
« je serais mort sans secours peut-être... »
Puis me regardant couper sa manche, tandis que le docteur prépare ce qu'il faut pour le premier pansement :

« Mais, Monsieur l'aumônier, me dit-il, vos
« ciseaux font sur mon bras une promenade
« de fantaisie..., vous n'allez pas en droit fil...
« et je n'ai que cette tunique, Monsieur l'au-
« mônier !... »

Quand il fut couché, il demande qu'on lui roule une cigarette et qu'on passe autour de son cou la petite chaîne en argent qui suspend une médaille, don précieux de sa mère.

J'ajouterai à la gloire de ce jeune officier, car ces lignes n'arriveront pas jusqu'à lui, j'ignore absolument le lieu de sa résidence, j'ajouterai que sa digne mère, loin de l'engager à s'épargner, lui montrait plutôt dans ses lettres ce que l'honneur de sa famille et de son pays attendait de lui. Plus tard, apprenant que le général Chanzy venait de publier l'histoire de l'armée de la Loire et rendait hommage à ceux qui avaient honoré la défaite, elle court chez un libraire et meurt de joie pendant la lecture qu'on lui fait de la noble conduite de son fils.

« Il y a des âmes qui s'élèvent à mesure que baisse la fortune de la patrie ! »

IX

Pontlieue. — Le Mans, 12 janvier. — Saint-Jean-sur-Erve. — Laval. — L'Expiation.

> Comment s'y prendra la Providence pour faire expier à la Prusse le passif de cruautés et de brigandages qu'elle a mis à sa charge ? Nous ne connaissons pas le moyen, mais nous affirmons l'avénement de cette grande réparation.
> P. Caussette.

Le 12 janvier, dès le matin, l'encombrement était complet sur toutes les routes qui conduisent au grand carrefour de Pontlieue. Lorsque nous arrivâmes, vers onze heures, le passage sur le pont Neuf était impossible. Le capitaine Vétillart, à peine remis de sa blessure, et accouru depuis quelques jours à la tête de sa compagnie nous conduisit par le vieux pont et les moulins. Aucune armée n'avait passé par là depuis le sanglant combat du 13 décembre 1793.

Un obus venant du Tertre-Rouge tombait d'instants en instants là où s'élève aujourd'hui la pyramide de granit.

Mais, d'abord on entend quelques-uns dire : « Que font ici ces pierres?... *Quid sibi volunt lapides isti?...* »

— Ce qu'elles font!... Un jour viendra où l'on saura gré à celui qui a eu la généreuse pensée de graver sur le granit ces noms glorieux. On dira qu'en un jour d'immense revers, l'invasion a passé par là ; mais, qu'avant de faire irruption dans la vieille cité, les descendants des Germains ont marché sur bien des corps. Bien des enfants de la Sarthe ont essayé de les arrêter et sont morts plutôt que de voir ce spectacle et de sentir cette douleur. *Melius est nos mori in bello, quam videre mala gentis nostræ.* (1, Mach.)

Ce monument, d'une beauté sévère, convient à leur mémoire, et ils méritaient ce souvenir. Ceux qui ont pris part aux combats savent que beaucoup sont tombés en rendant la défaite aussi honorable que la victoire.

— Mais ce chemin, dit-on, est l'avenue du plaisir...

— Je ne sais pas s'il est plus qu'un autre l'avenue du plaisir, mais les hommes de notre temps l'ont vu autrement, et le cœur n'est point fait pour oublier si vite. Ils savent qu'un jour il a été le dernier campement de l'armée française. Ce carrefour a vu revenir par toutes ses routes les débris vaincus de nos légions et bien des angoisses ont passé par là.

— Mais ce monument est surmonté d'une croix !...

— Sans doute ! Sans la croix, que dirait ce granit au cœur des épouses et des mères ?... Il ne sécherait pas les larmes...

Le défilé fut long, homme par homme, sur la passerelle du moulin. Nous suivons le chemin qui va de l'église au cimetière, dont nous longeons les murs ; nous traversons des champs et des jardins, passons sous le chemin de fer par un égout. Si les Prussiens connaissaient la position de la poudrière, leur tir était assez bien réglé, car, lorsque nous la laissons à notre gauche, des obus tombaient tout autour. Nous suivons rue Scarron, rue Lenoir, rue de

Flore, rue Prémartine, place des Jacobins, rue des Filles-Dieu, les Bas-Fossés, rues des Poules et de la Vieille-Porte.

Des camarades portaient sur leurs épaules le sergent-major Lepelletier du 1ᵉʳ bataillon de La Flèche. En ce moment, un homme, ivre au possible, portant des galons d'emprunt sans doute, essaie d'arrêter le défilé, injurie ces braves jeunes gens qui n'avaient pris aucune nourriture depuis vingt-quatre heures et veut examiner les blessures du sergent. Je le repousse avec indignation, ce qui me vaut ses apostrophes, et j'empêche les mobiles de lui infliger sa correction.

Lepelletier souffrait cruellement. La maison que j'avais en vue pour lui, et où je savais qu'il recevrait tous les soins, était encore loin. Mais M. l'abbé Léger, vicaire de Saint-Benoît, venant à passer, comprend mon embarras et veut bien s'en charger. Ses camarades le portent à l'ambulance des Bas-Fossés, où il est mort le lendemain, entre les mains de cet ecclésiastique, qui lui a donné lui-même la sépulture deux ou trois jours après l'entrée des Prussiens.

Tandis que le commandant de Lentilhac,

qui nous avait ramenés doucement et dans le meilleur ordre, malgré les obus, se rend au quartier-général, le régiment se reforme par compagnies place de l'Éperon.

Par la rue Dorée et le pont Saint-Jean c'était un flot humain qui débordait pêle-mêle; cavalerie, régiments de mobiles, chasseurs, fantassins, convois d'artillerie, suivaient dans un désarroi inexprimable. Encore des voitures, des bestiaux, des déménagements descendaient comme un torrent cette rue rapide et venaient augmenter la confusion.

Les trois bataillons suivaient la large voie qui conduit de la place au pont Neuf et se dirigèrent le long du quai de la rive droite vers Saint-Gilles et Saint-Georges. Plusieurs avaient profité de quelques moments d'arrêt pour aller chercher dans leurs maisons du pain et des chaussures. Ils revinrent promptement, mais tristes et abattus; jamais pareille douleur ne s'était peinte sur leurs visages. C'est qu'ils avaient eu à lutter avec le cœur et l'affection des mères.

On ne loue pas un homme de bien de faire son devoir; mais on a tant fait remarquer les imperfections de ces jeunes troupes qu'il n'est pas inutile de montrer leur générosité. Beaucoup de nos mobiles étaient de la ville même du Mans. Des parents dont la tendresse l'emportait sur le patriotisme, des épouses et des mères dont le cœur ne raisonne pas, ont essayé de les retenir. C'était bien facile de s'attarder un instant et de changer de vêtement. Ils ont rejoint pourtant, mais le front plissé, l'âme brisée surtout.

Car c'est dur quand l'affection et le devoir sont en lutte, puisqu'il faut que le devoir l'emporte.

Celui qui écrit ces lignes a pu compatir parce qu'il a connu aussi cette douleur de rencontrer au carrefour, au milieu de ces épaves humaines, sa mère dont les yeux le cherchaient et qui le conjurait avec larmes d'arrêter là sa course. « Mon fils, je t'en prie..., tu vois que « c'est bien fini !... Reste, pour l'amour de « Dieu !... »

Il dut s'arracher de ses bras. Il eût été fier d'accompagner ces jeunes gens vainqueurs ; vaincus et malheureux, il devait partager leur destinée...

Un jeune sous-officier, marié, et malade à ce point que je l'ai instamment prié de rester, lui proposant, en l'absence du docteur, de lui délivrer un certificat d'ambulance, a voulu suivre, est venu jusqu'à Laval où il est tombé tout à fait.

Arrivés à la Croix-Georgette, celui qui conduisait la retraite, s'apercevant qu'il avait fait fausse route, et que le chemin indiqué était celui de Laval, nous ramène sur nos pas. Sous le pont du chemin de fer, à l'emplacement de l'ancienne léproserie de Saint-Lazare où, dans un jour de grande calamité pour la France, le roi Charles VI perdit la raison, nous attendîmes un certain temps. On parlait peu, on se regardait en silence, et ce silence était plein d'amertume.

Un capitaine du second bataillon, me prenant par le bras, me dit : « Mais comment
« vivez-vous ? vous ne nous demandez rien ;
« j'ai de l'or dans ma bourse, prenez, je vous
« en prie, tout ce qu'il vous en faut !...
— « Merci, mon digne ami, il n'y a point
« d'or capable de payer le chagrin que vous
« me causez lorsque je vous vois souffrir...

« mais si j'en aperçois qui manquent, je re-
« viendrai vers vous!... »

Le défilé reprit par Saint-Pavin et le Tertre-Beaugé. La grande halte eut lieu au sommet de la colline, sur les versants de laquelle s'étend le bois de Pannetière, et d'où l'œil découvre si bien Le Mans. Là tout le monde se retourne vers cette ville, que bombardait le vainqueur, et qui renfermait les affections terrestres de la plupart d'entre nous. Nous devions être des semaines sans en recevoir aucune nouvelle, sans connaître l'étendue de ses infortunes.

L'histoire des peuples a de singuliers retours. Madame de Larochejaquelein raconte dans ses mémoires ou dans une de ses lettres, que sur cette même route de Laval elle était arrêtée à chaque instant par des enfilades de voitures qui n'en finissaient point. En 1871, l'armée française était arrêtée aussi à chaque instant par des enfilades de voitures qui n'en finissaient point. Au temps de Madame de Larochejaquelein, les chemins étaient mauvais, défoncés. Nos routes à nous étaient belles, mais elles avaient été coupées, et ces coupures si rapprochées nous ont plus nui qu'aux Prussiens.

Il y a eu même rapprochement dans la souffrance.

Depuis Le Mans jusqu'à Laval, j'ai vu mourir de misère et de froid seize hommes de toutes armes, que j'ai fait déposer dans le fossé, à l'abri des chevaux et des voitures, après leur avoir donné les dernières prières et fermé les yeux, laissant à ceux qui devaient venir après nous le soin de les inhumer.

Au bois de Pannetière, 250 à 300 hommes, qui ne pouvaient aller plus loin trouvent une nuit excellente dans le château hospitalier de la Groirie que mit à leur disposition le capitaine adjudant-major du 3e bataillon. Le reste vint jusqu'à Chanfour.

Dans la sacristie de l'église où nous étions plusieurs, couchés sous un grand tapis qui semblait bien lourd, mais n'était pas très-chaud, nous aurions pu reposer, si toute la nuit on n'eût entendu les plaintes de ceux qui cherchaient un asile et du pain. Le plus grand nombre bivouaqua sur la route.

A neuf heures du matin nous quittons ce village ; les compagnies de la Groirie nous rejoignent, et le régiment, réuni avec le 37º et le 32º, forme l'arrière-garde de l'armée. Nous traversons Coulans, Longnes, Chassillé, et nous arrivons le vendredi soir, 13, à Joué-en-Charnie.

Le 14, au milieu du jour, nous prenons les positions de combat sur la route de Loué et dans les champs à gauche. Nous restons ainsi jusqu'à 9 heures du soir dans la neige. Alors nous recevons la permission de nous cantonner au village. On commençait à former les faisceaux et la soupe se faisait, quand arrive l'ordre de reprendre immédiatement les positions de la journée. Les Prussiens n'étaient pas loin.

Plusieurs mobiles, accablés de fatigue, veulent se coucher dans la neige et s'abandonner à un sommeil qui, dans ces conditions, va devenir la mort. Nous nous efforçons de les éveiller ; un jeune homme dont l'énergie brisée n'était plus capable d'aucun effort s'appuie sur une barrière et meurt de froid au milieu de ses camarades.

Au détour du chemin qui conduit à la forêt

de Charnie, le colonel Ribell rassemble les officiers.

— « En faisant appel à votre patriotisme,
« leur dit-il, je ne dois pas, Messieurs, vous
« dissimuler le danger... Vous êtes appelés à
« couvrir la retraite et à sauver les derniers
« convois de l'armée... Derrière nous, il n'y a
« plus rien... que l'ennemi... »

Dans les paroles de cet homme, qui inspirait le respect et n'intimidait pas, commandait la bravoure et était obéi, on sentait toute son âme, une âme intrépide et tranquille.

L'heure était grave, la situation avait de quoi effrayer les plus résolus. Il fallait élever ces jeunes hommes abattus à la hauteur du sacrifice qu'on exigeait d'eux.

Pendant qu'il nous parle, une fusée s'élève dans la direction du Levant, une seconde au sud-est, et une troisième tout à fait au midi, et les chiens des Prussiens aboient avec force dans ces directions. Le colonel, tourné vers nous, n'a rien pu voir, mais prévenu par le commandant de Musset, il comprend que l'ennemi cherche à nous tourner du côté de Loué et de Brulon, et donne l'ordre de partir.

Nous prenons le chemin de la forêt. Là

encore défilé long, silencieux, nos pas ne font aucun bruit dans la neige. Beaucoup qu'une nuit aurait refaits peut-être, tombent de fatigue et de sommeil au bord du chemin, se couchent le long des baies, la tête appuyée sur leurs sacs et le cœur plein d'amertume. Ils attendent une mort trop longue à venir. On n'entend aucune plainte, la plupart se soumettent sans murmurer à la volonté d'en haut.

Aperi oculos tuos, Domine, et vide afflictionem nostram!... Circumdederunt nos gentes ad puniendum nos. Sed tu, Domine, extende brachium tuum, et libera nos.

C'était une immense douleur d'abandonner ainsi, sans pouvoir leur porter aucun secours, ces jeunes gens qu'on avait vus si braves, si bons, si résignés. Et si plusieurs, ne pouvant plus suivre et craignant de devenir la proie du vainqueur, ont cherché à se cacher dans les fermes, ne les jugeons pas avec l'indignation qu'inspirerait aujourd'hui une lâche désertion, nous en rencontrerons un bientôt qui a payé de sa vie sa faiblesse, et dont l'âme s'est élevée et est devenue héroïque devant l'expiation.

Nul ne nous accusera d'exagérer les souffrances de nos frères d'armes. Je suis plutôt impuissant à les dépeindre, et la réalité de ces nuits dépasse toute description.

Cette forêt de la Charnie s'appelait autrefois la Thébaïde du Maine. Des hommes ont trouvé le bonheur dans ces solitudes, loin des regards, *dans le creux de la pierre et les enfoncements du rocher*, défrichant le désert, étendant les limites de la science. Le flot qui a emporté ces pieux asiles a beaucoup monté depuis, et qui peut compter aujourd'hui sur le repos de demain et choisir sa tombe au milieu des pierres tumulaires de ceux qu'il a aimés !

Nous traversons toute la forêt, Saint-Denis-d'Orques, et à trois heures du matin, nous bivouaquons sur la grande route à deux kilomètres de Saint-Jean-sur-Erve. Nous entrons dans ce bourg le dimanche matin à dix heures. J'entends rapidement une messe basse que dit M. le vicaire, et je rejoins le régiment qui pendant ce temps avait pris ses positions.

Derrière le presbytère et les maisons étagées sur le coteau, en face de la route du Mans, les chemins creux servent de tranchées et les haies d'épaulements pour abriter les tirailleurs. On arrivait à cette admirable position par une pente roide et boisée, que le verglas rendait glissante.

Le 1er bataillon a deux compagnies en tirailleurs au-dessus du cimetière, à gauche des mitrailleuses ; quatre compagnies du 2e, sous les ordres du commandant Simonard, sont également déployées ; les deux autres, la 1re et la 6e sont en soutien. Quant au 3e bataillon, sa 1re compagnie est avec celle du 1er bataillon, la 2e est en tirailleurs, tout à fait sur notre gauche. Les autres sont placées sur les flancs comme soutien.

L'affaire s'engage très-chaudement, le feu est très-vif depuis onze heures jusqu'à la nuit.

Cependant, grâce aux accidents de terrain, aux chemins profondément encaissés, nous perdons relativement peu de monde.

A quatre heures, M. le colonel Ribell, très-inquiet de la situation précise de notre aile droite, envoie le commandant de Musset avec une compagnie et des détachements des 62e et 37e de marche, occuper la ferme des Noues. Le commandant s'y installait lorsqu'un bataillon de mobiles de la division voisine, se repliant précipitamment sur cette position, annonce que nous sommes tournés. Le colonel, prévenu de ce fait qui concordait avec ses impressions personnelles, voulut que Monsieur l'Amiral en fut averti par un officier en qui il pût avoir une entière confiance. Il pria donc le commandant de Lentilhac d'aller lui exposer la situation et d'insister pour l'évacuation de Saint-Jean.

Lorsque le commandant pénétra dans la partie du village où était situé le quartier-général, elle était déjà occupée par l'ennemi ; en arrivant au presbytère, il fut assailli et fait prisonnier. Le capitaine de Sabran ne le voyant pas revenir, se porta jusqu'à l'entrée du village sans pouvoir rien apprendre de ce qui s'était passé, et ce ne fut qu'après avoir essuyé plusieurs coups de feu qu'il se retira.

Le colonel Ribell ayant aussi inspecté les environs, revint plus convaincu que jamais qu'il fallait se retirer promptement, si l'on ne voulait pas courir le risque d'être entourés par des forces supérieures. De plus la sûreté des canons et des mitrailleuses qui nous étaient confiés nous en faisaient un devoir impérieux. La 1re compagnie du 3e bataillon était disposée au haut du chemin creux par lequel l'ennemi aurait pu arriver, et le lieutenant Rousseau s'était placé en sentinelle perdue pour répondre de la sûreté du régiment. Le colonel fit replier tout le monde et ordonna la retraite du 33e vers Laval, avec le 37e et le 62e de marche et une partie du 75e mobiles. La 2e compagnie, capitaine du Luard, avait couvert la retraite avec une grande énergie.

Tel fut notre dernier combat.

Dans de bonnes positions, et bien décidés à nous défendre à outrance, nous avions fait subir à l'ennemi des pertes énormes : plus de 3,000 hommes, dit-on, avaient été mis hors de combat. Relativement nos pertes étaient beaucoup moins grandes ; mais à la fin de l'action, lorsque ce drame de feu allait finir, l'état-major paya une dernière fois le tribut de l'honneur et du sang.

Je pansais un artilleur dont le pied était broyé par un éclat de mitraille, au bord du fossé où une de nos compagnies se tenait en tirailleurs, lorsque, dans ce même champ, un obus vint emporter la tête du cheval de l'Amiral et faire au colonel Béraud, son chef d'état-major, une horrible blessure. On le descend, couché dans un omnibus, jusqu'à l'ambulance volante établie en bas de la côte. Là, un brancard est organisé pour le transporter à l'ambulance générale, située dans une ferme à une certaine distance, sur la route de Laval, à droite ; mais il est mort le long du chemin, et j'eus à peine le temps de lui dire : « Mon « colonel, vous avez été brave devant les « hommes... soyez plein de confiance mainte- « nant devant Dieu... Je vous apporte les « consolations de la dernière heure... » Il étendit les mains et ce fut fini...

M'étant assuré qu'il avait cessé de vivre, je revenais promptement au champ de bataille ; on venait de me dire que Messieurs les lieutenants Albert Lemeunier et Arthur Joly étaient blessés, lorsqu'au bord du chemin qui descend du coteau vers le nord, un colonel m'arrête : « Mais Monsieur l'aumônier, me dit-il, vous « n'avez pas une minute à perdre... il faut « partir bien vite... nous sommes tournés... « le champ de bataille ne nous appartient « plus, et dans un instant la route ne sera pas « sûre... »

Je revins vers Laval, désolé de laisser nos deux officiers sans être précisément renseigné sur la gravité de leurs blessures. La nuit était venue.

La plus grande partie du régiment bivouaqua à Sougé-le-Bruant, l'autre s'avança jusqu'au devant de Bonchamp. Très-peu d'hommes furent cantonnés.

Devant l'église de Vaiges, j'aperçois un ecclésiastique auquel je demande un morceau de pain. Il m'invite à venir au presbytère, assez loin derrière nous, et devant la porte duquel j'avais passé sans le savoir ; mais j'étais exténué, et il me fait entrer sur la place, dans le magasin de deux dames qui ont la bonté de m'accueillir et de me donner le pain de la charité. En ce moment arrive au galop le dernier train d'artillerie. L'officier qui le conduit m'offre de monter à cheval, je le remercie et vais m'asseoir sur un caisson. Je franchis ainsi sans fatigue la distance qui sépare Vaiges de Sougé. A l'extrémité du village, je rencontre le sympathique lieutenant Jacquot, et nous faisons route ensemble jusqu'à ce que nous soyons séparés par un encombrement de voitures, lorsqu'il venait précisément de trouver un gîte où nous pouvions convenablement passer la nuit.

A une heure du matin, sur la route gelée où le verglas empêchait de se tenir debout, en face du chemin qui conduit au village de Bonchamp, je m'assieds sur la borne, incapable de faire un pas de plus, et je crois un instant que je vais aller rejoindre les pauvres camarades que j'ai vus mourir de froid tous ces jours.

Le moral a beau faire, il arrive une limite que les forces ne veulent plus franchir. Cette nuit-là la lueur des incendies n'éclairait pas ma route ; c'était bien la nuit profonde dont le silence n'était troublé de temps en temps que par d'inconsolables plaintes que Dieu seul entendait. *Defecit in dolore vita nostra.* (Ps. xxx.) Je restai ainsi plusieurs heures, offrant mon sacrifice, repassant dans ma mémoire les émotions des derniers jours, ajoutant ainsi les peines de l'âme aux douleurs physiques. Puis des passants charitables me prêtèrent secours et m'aidèrent à gagner le bourg. Je leur garde une reconnaissance profonde, mais j'ai vraiment perdu une belle occasion de mourir.

Après Dieu, je suis redevable de la vie au charitable curé de Bonchamp, qui me fit porter dans son lit, où je restai jusqu'à midi.

A ce moment, le clairon qui passe sur la

grande route, sonnant la marche, me replace sur les jambes et j'arrive avec les trois bataillons devant Laval.

C'était le 16 janvier.

Tout le monde espère bien se reposer quelques jours, lorsque nous apprenons qu'il faut former les faisceaux et attendre de nouveaux ordres. Il tombe une pluie glaciale qui rend plus pénible encore ce temps d'arrêt, et nous allons rester aux environs de la ferme du Plessis.

Dans la plus grande chambre basse et humide, officiers du 37ᵉ et du 33ᵉ réunis, nous passons la nuit entassés les uns sur les autres. Dans un coin, auprès de la chandelle posée sur un dressoir, le colonel Mallat recoud sa tunique. Il cherche vainement à enfiler son aiguille, et s'approchant d'un de nos capitaines : « Vous, « mon bon ami, qui êtes jeune, dit-il, voyez « donc si vous serez plus adroit que moi... » Mais le hasard ne le sert point bien. Le capitaine de l'ancienne 5ᵉ du 3ᵉ bataillon, qui n'est pas embarrassé devant les Prussiens, est myope autant que myope peut être. Il prend l'aiguille par le trou et cherche à l'enfiler par la pointe... jusqu'à ce que son voisin vienne le tirer d'embarras. Et le colonel répare tranquillement ses bretelles.

Dans un autre moment, c'eût été une belle occasion de rire, de retrouver cette vieille gaieté gauloise qui se venge de l'adversité par un bon mot, une aimable moquerie, une raillerie sans amertume, comme cela était d'usage chez nous. Mais le cœur et le corps souffraient trop cruellement pour laisser à l'esprit sa liberté. Chacun était désespéré ; nous venions de faire une effroyable retraite, nous battant toujours, poursuivis sans relâche par un ennemi supérieur en nombre, couchant sur les routes, sans repos depuis le 8 janvier. Toutes les souffrances possibles, le 33e les avait supportées. Cette marche si pénible, qu'il n'en est peut-être pas d'autre exemple, nous avait coûté 400 hommes, tués, blessés, pris ou morts de fatigue et de froid pendant ces huit longs jours.

Le 17, au matin, lorsque nous croyons marcher au feu, la division de Curten nous relève et nous entrons dans Laval avec nos camarades du 37e. A l'extrémité du faubourg, le cheval de l'Amiral glisse sur le verglas, celui-ci tombe et a un doigt broyé sous la roue d'un canon.

A Laval, les rues sont remplies d'hommes, d'armes, de chevaux ; mais il n'y a plus de soldats. Tout le monde est accablé, rendu. On amène chaque jour entassés sur des charrettes, aux ambulances qui ne les rendront plus, une masse effroyable de malades.

De la fenêtre entr'ouverte de la maison des Pères de Saint-Michel où j'étais venu conduire un de nos officiers, j'ai vu, dans la rue, deux pauvres mobilisés revenant d'une distribution de vivres, la tête couverte de cette coiffure de coton qu'on sait la moins militaire du monde, et qui n'en pouvaient plus. Tristes, promenant autour d'eux un œil morne, appuyés sur des bâtons, bras dessus, bras dessous, marchant cahin-caha, le fort portant le faible, l'un dit au camarade : « Et quand on pense, mon cher,
« que ça peut encore durer quelque temps
« comme ça... que Paris a peut-être encore
« pour quinze jours de vivres à manger !... »

Combien il faut avoir souffert pour en arriver-là !

En ce moment sortit de l'église le convoi d'un soldat, et j'entendis ce simple mot : « Aujourd'hui lui, demain nous !... » Ils se découvrirent et passèrent.

Dans la ville, le général en chef qui nous rencontre, s'arrête devant les deux régiments et les félicite chaleureusement de l'énergie et du courage dont ils ont fait preuve pendant cette retraite. Nous traversons tout Laval et nous nous rendons à Grenoux où nous serions volontiers restés dans des fermes et granges spacieuses et bien garnies de paille, lorsque, dès le 19, l'ordre nous arrive de revenir devant la ville, au hameau de Chambaud, dans la direction de Louverné, pour garder la voie ferrée.

Un sous-officier de Sillé-le-Guillaume, me procure chez sa tante, Madame la supérieure du pensionnat Sainte-Marie, place du Palais, la plus généreuse hospitalité. Je m'y refais complétement, et le secours providentiel et tout à fait inespéré que je trouve dans cette digne maison retrempe mes forces et me remet en mesure d'aller jusqu'au bout.

Une épreuve plus douloureuse encore que celles que nous avions rencontrées était ménagée au 33e.

De la place du Palais, chaque jour, je venais à Chambaud. Le samedi 21 janvier, j'apprends que Pierre et Alexandre X, tous deux frères, et mobiles de la même compagnie au 1er bataillon de La Flèche, avaient été arrêtés auprès de Saint-Jean-sur-Erve, parmi les déserteurs. Je cours à la ferme du Pressoir où la cour martiale devait siéger dans la soirée. Je trouve les deux pauvres enfants enchaînés, les menottes aux mains, entre deux gendarmes, dans un coin de la grande salle du rez-de-chaussée. Je n'ai pas reconnu les officiers qui composaient le terrible tribunal, ils n'appartenaient pas au 37e, mais visiblement ils étaient sympathiques au 33e, dont ils jugeaient à regret deux des soldats. Le temps très-mauvais et l'eau glacée qui tombait les déterminèrent sans doute à ne pas me faire sortir, et j'allai m'asseoir au coin de la cheminée, la tête tristement appuyée dans mes mains. Profitant du moment où je passais auprès des accusés, je leur dis bien bas : « Soyez calmes... répondez « poliment... mais dites bien que vous aviez « l'intention de revenir... »

Affolés et ahuris, s'ils m'entendirent, ils n'eurent pas conscience de leur position.

La cour se réunit autour de la grande table éclairée par deux chandelles placées dans des bouteilles. Le commandant qui préside, ouvre la séance, ordonne qu'on fasse approcher l'aîné des prévenus, et s'adressant à lui, après que le greffier a lu l'acte d'accusation.

« Pierre X, né à ..., canton de Malicorne,
« département de la Sarthe... vous êtes accusé
« d'avoir changé vos vêtements et cherché à
« vous dérober par la fuite... etc... Au nom
« de la patrie en danger et envahie par l'en-
« nemi, aviez-vous l'intention de déserter ?

« — Oui, Monsieur...

« — Gendarmes, faites sortir l'accusé et
« son frère. »

La cour délibère, va aux voix, et le président ayant fait rentrer le prévenu, se lève et d'une voix profondément émue prononce la sentence : — « Pierre X, né à..., canton de
« Malicorne, etc. Au nom de la patrie en
« danger et envahie par l'ennemi, vous êtes
« condamné à mort et serez exécuté dans les
« 24 heures... »

Le malheureux jeune homme vient se jeter dans mes bras. « Mon aumônier, s'écrie-t-il,
« j'ai été élevé bien chrétiennement par ma
« mère, aurais-je le temps de me reconnaître ?

— « Mon pauvre enfant, je ne vais plus

« vous quitter, attendons seulement, afin de
« voir ce que va devenir votre frère... »

Les mêmes formalités se renouvellent pour Alexandre, et ce jeune soldat qui avait été témoin de la réponse de son frère, qui avait vu le trouble dans lequel elle avait visiblement jeté les juges, désireux peut-être de le sauver, répondit exactement de la même façon : « Oui, Monsieur. »

Il eût voulu se condamner lui-même, qu'il n'aurait pas trouvé autre chose à dire.

Mais la miséricorde et la vérité se rencontrèrent, la justice et la paix se sont embrassées... (1) et ces hommes généreux l'ont gracié malgré lui.

Je suis allé, un an après la guerre, marier ce jeune homme dans son pays, et je sais qu'il y jouit de l'estime et de l'affection de ses concitoyens.

Lorsque le président donna l'ordre de reconduire le condamné en prison, son frère se jeta à son cou, poussant des cris déchirants : « Mon pauvre ami, lui disait-il, comment

---

(1) *Misericordia et veritas obviaverunt sibi : justitia et pax osculatæ sunt.* (Ps. LXXXIV, ỹ. 11.)

« pourrais-je vivre, si toi tu dois mourir !... »
Je le supplie doucement de nous laisser, de retourner à sa compagnie, lui promettant bien qu'ils se reverraient le lendemain, et je l'assurai que je ne l'abandonnerais pas un seul instant.

Nous marchâmes à côté l'un de l'autre depuis la ferme du Pressoir jusqu'à Laval, entre les gendarmes, et les pieds de leurs chevaux nous couvraient de fange.

Ce n'était pas la sueur qui coulait de nos fronts, c'était de la boue délayée. A la prison de Laval, on nous dit qu'on n'a point d'ordre pour nous recevoir, qu'il faut aller à Changé, à la prévôté; mais sur la route on apprend que celle-ci vient de transporter sa résidence à la ferme du Grand-Thuré, au delà de Grenoux, et nous revenons à Laval que nous traversons pour prendre la route indiquée. Nous venions de faire plus de douze kilomètres et le condamné se plaignait beaucoup des pieds. Un gendarme eut la bonté de m'offrir son cheval, mais je devais accompagner ce jeune homme et marcher comme lui.

Enfin, arrivés au terme, M. le grand-prévôt nous reçoit, fait enfermer le condamné, et

m'offre une part de son souper et une place dans son lit. « Je vous demande seulement
« lui dis-je, en le remerciant, de nous mettre,
« ce jeune homme et moi, dans un apparte-
« ment meilleur où l'on puisse avoir du feu,
« dans la boulangerie, par exemple...

— « Vous tenez donc à passer la nuit avec lui ?...

— « Absolument.

— « C'est bien !... »

Et il donna des ordres en conséquence. Un grand feu est allumé dans l'âtre. Le gendarme chargé de le garder à vue se retire discrètement et le condamné ouvre son cœur tout entier...

Pas une plainte ne s'échappe de ses lèvres. Cet enfant, tantôt troublé et abattu, masse inerte et sans énergie, n'ayant même pas l'instinct de sa conservation, grandit et se relève devant l'expiation. Il reconnaît la justice de sa sentence, l'accepte comme la réparation, non-seulement de sa faiblesse devant l'ennemi, mais encore des fautes dont il se sait coupable devant Dieu. La lueur du feu nous éclairait. Il demande au fermier de l'eau tiède pour se laver la figure et les pieds, et prie qu'on veuille bien lui donner du linge blanc pour mourir. J'insiste afin qu'il essaie de dormir, mais le sommeil ne vint pas. Il s'informe des détails de l'exécution et demande s'il doit beaucoup souffrir. Je l'assure que la souffrance consiste davantage dans la pensée qu'il n'a plus que quelques heures à vivre, que dans le supplice lui-même dont la douleur est rapide.

Et la nuit se passa dans ces douloureux entretiens.

Rien n'est plus aisé que d'être compris des malheureux, de ceux qui souffrent, des délaissés du monde, quand on leur parle du ciel. C'est que leur cœur « n'a plus rien qui les empêche d'entendre. »

Un instant le souvenir de son père fait couler ses larmes. « Je me serais, je crois, plus
« volontiers résigné, disait-il, à la condition
« de le revoir et de l'embrasser... »

Mais il s'éleva bientôt au-dessus de lui-même. *Levavit se super se...* Et, une fois le sacrifice consenti, je vis grandir sa force morale, et il comprit que mourir n'était pas cesser de vivre, mais atteindre Dieu. Il parla de sa mère, qu'il allait bientôt rejoindre au ciel...

L'ordre de le conduire au lieu d'exécution ne vint que vers midi. Nous revenons à Laval où nous attendons, sur la place, entre deux gendarmes, devant la statue d'Ambroise Paré, qu'un détachement de notre régiment vînt nous chercher.

De la foule tout à fait sympathique qui nous entoure, un homme du peuple se détache, vient vers moi et me dit : « On me prie « de vous demander, Monsieur, si vous êtes « prêtre catholique...

— « Mais oui, je suis grâce à Dieu, prêtre « catholique...

— « Comme les nôtres ?

— « Certainement, mais avec cette diffé- « rence qu'aujourd'hui dimanche, je n'ai ni « dit la messe, ni eu la consolation d'y assis- « ter!... »

Il me serra la main et je vis bien que mes vêtements, encore une fois, couverts de boue par le piétinement des chevaux, m'avaient attiré cette question, faite avec plus de bienveillance et de pitié que de curiosité.

Le lieutenant Montarou et ses hommes, étant venus nous chercher, nous suivons, par la cour de la gare, le long de la voie ferrée, jusqu'à Chambaud, où nos officiers et soldats nous reçoivent avec la plus cordiale affection. Le condamné demande à voir ses frères que le capitaine Legou envoie chercher sur-le-champ. Indépendamment d'Alexandre, le gracié de la veille, il en avait un autre, Louis, l'aîné de tous, un brave soldat, un garçon au cœur d'or. Ils restèrent avec nous jusqu'au moment de l'exécution. Leurs cris étaient déchirants, ils se jetaient à ses pieds et lui baisaient les mains. « Mon Dieu ! que n'étais-je avec eux au mo-« ment de leur faiblesse, s'écriait Louis, au « milieu de ses sanglots, ils n'auraient pas « fléchi... »

Pierre leur dit qu'il a mérité sa condamnation, mais qu'il espère en Dieu et dans une vie meilleure où ils se retrouveront. J'avais eu la pensée d'abréger cette scène douloureuse, en les suppliant de se retirer. Il ne le voulut pas. « Oh ! non, qu'ils restent, et acceptons le « sacrifice en entier... » Son courage ne se démentit pas un instant. A trois heures, les clairons sonnent la marche solennelle de la justice, et il s'arrache des bras de ses frères qui se jettent à terre, en poussant des cris lamentables.

Avant de traverser le chemin de fer, sur le passage à niveau, il y eut un moment d'arrêt ; nous étions presque seuls, le chemin est étroit. Une voix qui m'est bien connue dit assez haut pour que le condamné l'entendît : — « Mais qu'il
« se sauve donc au travers des broussailles...
« Les Prussiens sont à mille mètres, ils vont
« le faire prisonnier. Il aura au moins la vie...»

Il me regarde avec un étonnement mêlé de tristesse et semble m'interroger.

— « Mon cher enfant, lui dis-je, je suis
« auprès de vous afin d'adoucir votre dernière
« heure, et nullement pour vous garder...

Mais il reprend vivement : — « Ah ! me
« sauver !... mes pieds déchirés ne peuvent
« même pas me porter !... Oh non !... Et puis
« le sacrifice est fait... Vous m'avez assuré,
« mon aumônier, que j'allais en recevoir immé-
« diatement la récompense... Si je vivais,
« j'offenserais Dieu, peut-être, et ne serais
« pas aussi certain de bien mourir... Que la
« volonté d'en haut s'accomplisse !... »

Nous entrons dans le champ d'exécution où des compagnies de tous les régiments de la brigade étaient venues se joindre aux trois bataillons du 33º. Le sergent-major Montreuil, qui remplit les fonctions de greffier, domine son émotion et lit le jugement. Le pauvre enfant l'écoute avec calme et résignation. En ce moment, un soldat du peloton d'exécution, qui tient mal son fusil ou que l'émotion maîtrise, fait un mouvement, le coup part et la balle vint siffler entre le lieutenant Lucien Odillard et moi, à quelques centimètres de nos têtes. Le condamné me prie de serrer moi-même le bandeau sur ses yeux ; mais je suis obligé de me faire aider, mes doigts n'avaient plus aucune force. Il me tient embrassé, me remercie, s'agenouille, presse une dernière fois sur ses lèvres mon crucifix d'argent... et un instant après il avait reçu au ciel, où il n'y a plus de défaillance, l'éternelle récompense de son sacrifice accepté.

Nous retournons à Chambaud, où l'ordre de partir pour Andouillé vint bientôt nous éloigner de ces lieux. . . . .

X

Andouillé. — Scorbé-Clairvaux. — La Barbinière, jusqu'au retour

> En livrant l'homme vertueux aux coups du malheur, Dieu le traite avec un discernement paternel ; il travaille à le rendre digne de lui, il l'épure, il le fortifie, il se le prépare. — *Sibi illum præparat.*
> SÉNÈQUE.
>
> Dans les plus grands malheurs il n'y a point de compagnie qui vaille celle d'un grand cœur.
> CHARLES-EMMANUEL DE SAVOIE.

Le 27 janvier, le régiment quitte Chambaud, suit, le long de la rive droite de la Mayenne, le chemin pittoresque et accidenté de Laval à Andouillé, et se cantonne dans les fermes et hameaux qui séparent ce village de la rivière. Le colonel Ribell occupe avec les nobles débris du 37ᵉ, qui ne compte plus, hélas ! que 800 hommes, le moulin et la ferme du Buison, tout à fait au bord de l'eau. Dans une autre saison de l'année, ce campement eût été magnifique ; la rivière est bordée à droite et à gauche de côteaux escarpés et schisteux, et la vue s'étend au loin sur les collines couvertes de bois. Mais le 33° est tout entier dans la boue, et pour franchir la distance qui sépare plusieurs compagnies, il faut aller à cheval.

Une circonstance douloureuse me fit connaître les cantonnements plus fangeux encore du 62ᵉ de marche.

Dans la nuit du 7 au 8 février, je fus appelé par le général de brigade à la ferme du Bas-Rochaubert, en Saint-Germain-d'Anxure, afin de préparer et d'assister un sous-officier de ce régiment, condamné à mort et exécuté le lendemain (1).

---

(1) J'ai suivi, ces derniers jours (janvier 1878), le chemin d'Andouillé à Saint-Germain d'Anxure pour revoir la prairie de la Grippière, où eut lieu l'exécution de Léonard V... de S..., au département de la Creuse.

Elle n'était pas blanche de givre comme il y a sept ans, l'air était réchauffé, il ne manquait que des feuilles pour se croire au printemps ; mais c'était le même ciel d'hiver, et les futaies dénudées qui l'entourent, et les sapins dans l'enfoncement, en forme d'entonnoir, avaient le même aspect sombre et triste.

A Andouillé, le colonel vient reprendre, à la satisfaction de tous, la direction et le commandement du 33ᵉ. Jusque-là, nous avions été sans nouvelles du Mans, aucune lettre, aucun journal n'arrivait jusqu'à nous. On se demandait avec anxiété ce que devenait, au delà du cercle de fer qui nous séparait, le pays que nous avions laissé dans de si dures circonstances.

Frais et doré par le soleil, je n'aurais pas reconnu mon paysage.
Nous sommes descendus dans la ferme du Bas-Rochaubert, au fond de la cour, à droite, visiter la petite étable où j'ai passé la dernière nuit ici-bas de ce pauvre jeune homme, assis auprès de lui sur la paille, écoutant ses plaintes, calmant son désespoir, essayant de faire entrer Dieu dans son cœur. Plein d'illusions et de vie, il ne voulait pas finir si tôt !...
Il fallut lui promettre de ne pas l'abandonner, de lui couvrir moi-même les yeux d'un bandeau, d'assister à son exécution, et d'accompagner au cimetière sa dépouille mortelle déchirée. Il ne se résigna qu'à ce prix !...
Et j'ai voulu retourner dans le cimetière si bien entretenu de Saint-Germain, tout rempli d'inscriptions tirées des saints livres et fort douces à l'âme. Je me suis agenouillé au fond, à droite, sur le bord de la haie d'épines. C'est là qu'avec l'aide de ses camarades je l'avais enseveli de mes mains..
Le cœur n'est pas muet au milieu de ces souvenirs. Sur une tombe qui vous est chère les réflexions se pressent, on voit plus haut que n'est tombé le corps, une lumière céleste dissipe toutes les ombres et la foi fait comprendre la vie.
. . . .
Si observaveris, Domine, quis sustinebit !...

De terribles appréhensions écrasaient les âmes ; aussi, bien venu était le père courageux, l'ami intrépide qui, franchissant le danger, venaient nous en parler. Ils étaient entourés, questionnés. Ils apportaient à plusieurs de tristes nouvelles, mais l'ignorance où nous étions du sort des nôtres était aussi poignante que la vérité.

Tout le temps que nous sommes restés là, nous eûmes à souffrir du dégel et de la boue, et les mauvaises chaussures occasionnèrent bien des maladies. Chaque jour, plusieurs partaient pour l'ambulance, que nous n'avons jamais revus, et dont nous avons plus tard appris et pleuré la perte.

Le soleil a bien fait quelques visites, mais elles ont été rares.

La maison qui eut la bonté de me recevoir mérite un souvenir dans ce récit. Elle a donné à la deuxième armée de la Loire un digne enfant, presque un héros, assurément une des victimes les plus aimables et les plus justement pleurées.

Le presbytère était entièrement occupé par l'intendance, et M. le curé me dit d'aller de sa part demander un asile chez Mᵉ Gascoin, mais je ne retiens pas bien l'adresse, je poursuis plus loin et vient frapper à la porte de M. Marchais, au delà du cimetière, sur la route de Laval. Le colonel Thierry, remplissant les fonctions de général de brigade, y était installé avec plusieurs de ses officiers. Mᵐᵉ Marchais, à laquelle j'expose que je viens de la part de M. le curé, me répond : « Oh ! non, ce « n'est pas M. le curé qui vous adresse ici... « il sait bien que ma maison est retenue pour « une brigade... C'est plutôt la Providence « qui vous conduit sous notre toit si cruelle-« ment éprouvé... »

C'était bien elle en effet, qui, pour me donner la consolation tant désirée d'accomplir jusqu'au bout ma tâche et de ne plus me séparer du 33ᵉ, échelonnait ainsi sur mon chemin, depuis Saint-François de Blois, ces maisons charitables où je puisais de nouvelles forces et dont mon cœur conserve une gratitude que le temps ne peut affaiblir.

Mᵐᵉ Marchais me conduisit dans la chambre de son fils, où elle fit allumer un bon feu. « Il « n'y a qu'un aumônier ou un soldat qui puis-« sent coucher ici, » me dit-elle ; « pour tout

« autre, je n'aurais pu me résoudre à l'ou-
« vrir... » Elle était pleine, en effet, de mille souvenirs, et semblait abandonnée seulement de la veille par l'aimable jeune homme qui n'y devait pas rentrer vivant.

J'appris bientôt quel malheur était venu fondre sur cette famille. Mme Marchais me dit :

— « Le bon Dieu m'avait donné sept en-
« fants ; j'en ai vu mourir cinq que j'ai ense-
« velis de mes mains, mais j'avais toujours
« mon aîné : et celui-là !... Oh ! lisez ses let-
« tres, Monsieur, voyez quel courage, quelle
« foi, quel noble cœur !... Il était sous-lieute-
« nant dans les mobiles de la Mayenne. Eh
« bien ! à la bataille de Saint-Pierre du-Lo-
« rouer, en votre département, il a eu l'épine
« dorsale brisée. Il s'est traîné dans une pau-
« vre maison abandonnée, où il est mort sans
« qu'une main amie lui ferme les yeux...

« Oh ! cependant, si un fils devait être con-
« servé à sa mère, c'était le mien ! Avant son
« départ, nous étions allés ensemble à Laval,
« acheter une lampe d'argent; nous l'avions
« suspendue devant l'autel de la Ste-Vierge,
« et je l'entretenais chaque jour !... Il m'en

« avait confié le soin. Mais Dieu voulait que
« mon cœur fût brisé!... »

Quelques semaines plus tard, lorsque nous étions aux environs de Châtellerault, je rencontrai sur les bords de la Vienne plusieurs officiers du régiment auquel Jules Marchais appartenait. Je leur parlai de lui. « Ce jeune
« lieutenant, me dirent-ils, était le plus aima-
« ble, le plus aimé, un des plus braves... Un
« pressentiment indéfinissable l'avertissait
« qu'il ne reviendrait pas vivant; aussi prit-il
« ses précautions, et voulant faire son devoir
« jusqu'à la fin, il s'était préparé avant la ba-
« taille. Il a été frappé dans un poste avancé.
« Tout le monde l'a pleuré !

« La dernière fois que je l'ai vu, me dit un
« autre, je le quittai tout ému de la douceur
« de ses paroles... C'était la voix du cœur
« échauffée par la foi ; et il avait cette simpli-
« cité pénétrante que donne la pratique du
« devoir, volontairement et chrétiennement
« accompli... »

Me souvenant des bontés de sa mère, et profitant de cette bonne occasion pour lui exprimer ma reconnaissance, je lui adressai ces belles paroles que j'avais été heureux de recueillir. Voici sa réponse que je reçus à Thuré :

« Je commence à croire que bien des
« épreuves me sont réservées. Puissé-je bien
« entrer dans les desseins de Dieu !... Mon
« frère, lieutenant d'artillerie, que vous avez
« vu malade chez moi, est mort ce matin. Le
« cercueil de mon fils vient d'arriver. Une
« même fosse les réunira demain... On la
« creuse en ce moment, profonde..., car j'ai
« l'espérance d'y descendre à mon tour... Mon
« fils, on vous l'a dit, Monsieur, était une
« plante délicate et choisie... Dieu l'a mise à
« l'abri des orages... Nous nous retrouverons
« là-haut ! »

Cependant, tout ce qui peut, aux yeux du monde, procurer le bonheur, c'est-à-dire la foi, la considération, la fortune se trouvaient réunies dans cette maison. « Mais, n'éprouver
« aucun déchirement du cœur, aucune souf-
« france du corps, cela n'est pas de la vie pré-
« sente, c'est l'état de l'éternel repos... »
(*Imitation*, III, xxv).

Le 12 février, nous quittons Andouillé,

reprenons le chemin de Laval que nous traversons, et venons demander à coucher au monastère du Port-du-Salut à Entrammes. La plupart des mobiles n'avaient jamais vu de Trappistes, quelques-uns n'auraient pas été fâchés de s'arrêter un jour, a fin d'étudier cette célèbre maison, et tous partirent édifiés de l'austérité et de l'accueil toujours bienveillant de ces fils du cloître. Plusieurs ont retenu les inscriptions qui les avaient frappés, me les ont communiquées plus tard, les expliquant et les commentant à leur façon.

Melius est ire ad domum luctus quam ad domum convivii... Expecto donec veniat immutatio mea... Cogitavi dies antiquos et annos æternos in mente habui... etc.

Et celles-ci : Port-du-Salut — délivrance, — maison bénie où se conserve l'héritage de la justice, de la vraie liberté, de la sainteté...

Deduxit eos in portum voluntatis eorum... Le Seigneur les a conduits au port où ils voulaient arriver (Ps. CVI. XXX).

Enfin ces versets de l'*Imitation*, qu'on pourrait mettre en tête des théories ou règlements militaires :

— « C'est quelque chose de bien grand que

« de vivre sous un chef, dans l'obéissance, et
« de ne pas dépendre de soi-même. Il est
« beaucoup plus sûr d'obéir que de com-
« mander.

— « Mon fils, je vous enseignerai le chemin
« de la paix et de la vraie liberté... Essayez,
« mon fils, de faire la volonté d'autrui plutôt
« que la vôtre... » (*Im.* III, xxiii).

Le soldat comprend ces choses qui sont à la portée de tout cœur et de toute intelligence.

Au départ, cependant, aucun ne demanda la permission de rester.

Le régiment traversa rapidement Château-Gontier, D[...]aon, Juigné-Béné, Angers, La Pyramide, Saumur, Bron, Montreuil-Bellay, Trois-Mous[...]iers, Loudun, Lencloître, et le 22, c'est-à-dire après dix jours de marche, nous arrivons au terme de ce long voyage.

Scorbé-C[...]lairvaux, Thuré et le château de la Barbinière seront nos derniers campements.

Du 22 février au 16 mars, le régiment se réorganise, reprend les exercices dans la prévision de nouvelles hostilités, et comme tou[...] jours, les officiers sont obéis sans avoir à réprimer aucun acte d'insoumission.

Si l'hiver avait été terrible, le printemps ne fut pas paresseux. Un beau soleil vint bientôt dorer ce pays, le vent du Nord cessa de souffler et l'air devint très-doux.

Pour remplacer les moissons de la Beauce, ravagées par le passage des armées, les pieds des chevaux et les roues des canons, une riche récolte s'annonçait sur les bords de la Vienne. Nous apercevons dans les champs quelques mobiles, fils de laboureurs, qui ont demandé aux fermiers, dont ils occupent les granges, la permission de les aider pour la façon des menus grains qu'on appelle blés de Mars, et qui tiennent la charrue avec un plaisir qui fait du bien à voir. Tout autour, dans la campagne, les arbres entr'ouvrent leurs bourgeons, et les amandiers livrent au vent leurs fleurs printanières, qui remplissent l'air de suaves parfums.

Tous les deux ou trois jours, je vais à Châtellerault visiter nos malades. L'Archiprêtre de Saint-Jacques, le regrettable M. Boislabeille, dont la mort a causé depuis un si grand deuil dans tout le pays, me reçoit avec bonté, me donne une place dans cette maison si hospitalière, qui montre au-dessus de son portail l'image et comme l'enseigne du bon Pasteur. Il me conduit lui-même ou me fait conduire par son neveu et premier vicaire aux ambulances organisées dans les environs.

Au château de Madame de Champchevrier, sur la colline qui domine la ville, plusieurs enfants du 33e sont heureux d'entendre parler du régiment et de recevoir les quelques nouvelles que je puis leur donner du pays. Plus bas, à mi-côte, à Chère, dans l'ancien Presbytère d'une paroisse supprimée, un jeune mobile du 1er bataillon, originaire de Poillé, me supplie de venir le chercher lorsque nous partirons. Je lui en fais la promesse avec la certitude, hélas! qu'il n'a plus que quelques jours à vivre, et sa joie me tire des larmes.

Mais à Saint-Jacques, le beau carillon de 52 cloches, sorti des ateliers de M. Bollée, doit rester muet jusqu'à la paix, et nous ne l'entendons point.

A la Barbinière, beaucoup d'officiers sont installés auprès du colonel, dans des conditions auxquelles nous n'étions plus accoutumés depuis des mois. On y vit comme on veut, sans étiquette ni ennuis. Le grand salon est ouvert à l'état-major tout le jour ; on y entre et on en sort sans nul assujettissement. La vigueur, la gaieté et l'entrain reviennent aux compagnies. Le ciel n'est plus voilé et les premiers rayons du soleil, au matin, trouvent tout le monde en mouvement.

On entendait fredonner quelques chants et les plus doux refrains du pays.

Un officier du 4ᵉ bataillon de la Sarthe, aujourd'hui avocat à Tours, qui vient visiter ses compatriotes, admire cette homogénéité du 33ᵉ.

« Vous paraissez heureux, me dit-il, au
« milieu de cet état-major !...
« — Heureux, certainement, ma vie s'est
« harmonisée avec leur vie ; mais je suis fier
« surtout... »

Pourtant dans ce pays riche et bien cultivé, où tout respire l'ordre et l'aisance, qui se plaint des malheurs d'une guerre dont il ne recueille que les bénéfices, car le séjour des troupes y laisse beaucoup d'argent, on vend tout au poids de l'or. Aussi on retrouve dans les divers cantonnements le charmant secret de se rendre heureux les uns par les autres avec cet empressement franc et secourable qu'engendre la souffrance endurée si longtemps en commun.

Dans la cour de la Barbinière, une petite chapelle me rend grand service. On n'est pas prêtre pour ne recevoir que de l'extérieur ses impressions et ses pensées ; et au dehors, avec la meilleure volonté du monde, il était impossible de s'isoler. Partout des allées et venues, la distraction sous toutes ses formes. Et la distraction qui a son utilité, n'est pas la force ; avec elle l'âme baisse insensiblement. Les choses de la foi seules soutiennent et relèvent. J'y dis la messe en semaine. Le dimanche on installe un autel dans la cour ; nul n'est contraint d'y assister, mais on y vient des trois bataillons. Ces jeunes hommes que la défense du pays et ses malheurs ont rassemblés, qui ont vécu des mois en frères, et qui bientôt se sépareront pour ne plus jamais se trouver réunis, comprennent que la religion est la base du bonheur de la vie. Il n'y a pas de peine qu'elle ne soulage. Aussi point de respect humain ; je trouve des répondants parmi les officiers et les soldats. Un des premiers se plaignait à un de ses camarades qu'on ne l'invitait pas à la servir à son tour : — « Puisque tu ne sais point, » répondit celui-ci.

« Mais, je sais assez pour tenir les petites bouteilles... »

Le respect et les pensées élevées n'excluent pas la bonne humeur. L'âme qui avait eu tant de semaines de courbatures, a trouvé là quelques jours de détente.

On a ri quelquefois à la Barbinière et le soldat au repos devient enfant.

Un soir, la douceur de la température m'avait engagé à aller réciter mon bréviaire sur la grande terrasse. Je l'avais déjà commencé lorsque le lieutenant X, dont la tête ne s'est jamais assouplie contre les angles du carré de l'hypoténuse, qui tout à l'heure tonnait, s'indignait, pris maintenant d'un de ses accès de gaieté intermittente, s'avance derrière moi doucement sur le gazon. Je ne l'avais pas entendu quand il dit assez haut : « Lorsque saint Antoine était en prière, le diable le tentait... »

Je me retourne vivement : — « Laissez-
« moi, lui répondis-je, vous voyez bien que
« je ne suis pas libre, retirez-vous...

« — Mais saint Antoine ne se troublait
« point...

« — Allez-vous-en donc !.....

« — Saint Antoine ne se fâchait point...

« — Cela, mon lieutenant, c'est contes-
« table...

« — Au moins il ne perdait point l'esprit
« d'oraison, et Satan lui jouait l'air des pom-
« piers de Nanterre, la grande duchesse de
« Gerolstein..... lui lisait un chapitre des
« *Odeurs de Paris* de Louis Veuillot... »

Je fermai le livre et lui en donnai un coup sur les épaules.

La disette de paille se fait bientôt sentir : on ne la renouvelle plus dans les cantonnements. Aussi, dans ces granges et dans ces greniers où tant d'autres régiments ont couché avant nous, nous recevons la visite anonyme d'insectes parasites dont l'habitude était depuis longtemps perdue. Le colonel ordonne de conduire les hommes par compagnies et par escouades à la fontaine, au fond du vallon. La crasse et la vermine s'en vont au fil de l'eau, et les mines reprennent leur fraîcheur.

Avec le corps on dirait que l'esprit aussi se débarbouille, car il est plus délié, moins engourdi.

Un théologien n'aurait pas laissé passer l'occasion sans faire observer que l'eau est la matière du sacrement qui emporte la souillure originelle et rend à l'âme sa vigueur première.

Malheureusement la paille était richement peuplée et il fallait recommencer les ablutions tous les matins. Mais c'est plaisir de voir combien vite on répare à l'âge de ces jeunes hommes !

Une autre misère nous attend là sans qu'on la cherche ; c'est le petit traître de vin blanc doux, à deux sous le litre. Les pauvres enfants qui n'ont bu que de méchante eau tout l'hiver donnent dessus comme dans du lait. Aussi, revenant de Thuré par la grande allée de la Barbinière, j'en rencontre un, un grand gaillard, bien charpenté pourtant, à la figure ouverte, à l'air tambour-major, qui chevrotte, chante à tue-tête, en décrivant les figures les plus capricieuses de la géométrie, et finit par s'étendre sur le gazon.

« Eh bien ! mon ami...

« — Ah ! mon prêtre, faites excuse. Mais
« c'est tout de même drôle, comme ce petit
« doucin-là vous acagnardit. Ça vous cousine
« dans les jambes... Il est fort à tourner du
« vinaigre, ce petit dégourdi-là... C'est pire
« que le chnic tout pur de mon capitaine, vous
« savez, qu'était malade à Saint-Sigismond,
« et qui disait que c'était du *fil-de-fer*.

« — Eh bien ! un peu d'effort et levez-vous..

« — Mais... je cherche quelque chose.,.

« — Là, mon garçon, vous avez ce qu'il
« vous faut, et même un peu plus... Donnez-
« moi la main, et nous allons rejoindre les
« camarades plus fermes que vous sur les lois
« de l'équilibre... »

Nous suivons les contours de l'allée sans trop contrarier la ligne droite, on cause, il me fait, en cheminant, la peinture naïve de la guerre, telle qu'il la comprend en ce moment. Il trouve que *c'est bête*... (Il n'a peut-être pas si grand tort.) Il n'est point content de la marmite ni du fourniment ; le coucher est pitoyable ; des corvées et le fourbi du matin au soir.

« Astiquer ses boutons, pivoter par le flanc
« droit et le flanc gauche, comme c'est amu-

« sant ! Si l'on avait donc une chopine pour
« remplir le bidon !... Mais tout va à la dia-
« ble !... C'est une vie de purgatoire, ça,
« Monsieur l'aumônier !... »

Il ne dit rien de la salle de police dont le spectre se dresse derrière les bouteilles vides depuis la loi sur l'ivresse, mais il ne tarit pas sur les qualités de ses officiers et finit par s'attendrir jusqu'à pleurer à la pensée du bonheur qu'il espère au pays.

Nos capitaines, en hommes pratiques qui veulent l'usage, en écartant l'abus, achètent le vin par pièces, en font le prix de revient par litre, dégagé de tous faux frais, et le distribuent équitablement aux hommes. Ils consignent les cabarets au grand scandale des sommeliers, qui comptaient sur les gosiers plus altérés, et des gros bonnets de l'endroit qui vivent de l'air du temps et ne sauront plus rien de nos affaires (1).

---

(1) Une fois depuis j'ai revu ce brave garçon, destiné sans doute à avoir des démêlés avec les petits vins de tous les pays.

C'était aux premiers jours de l'automne dernier, pendant les grandes manœuvres. Je le retrouvai par hasard réserviste dans un de nos régiments de ligne du 4e corps.

Ce soir-là il venait de boire jusqu'à se brouiller encore

16

— *Le 22 février. Ouverture du Carême.*

Ce jour-là, je ne donnai les cendres à personne, dans ma petite chapelle, mais j'allai les recevoir à la paroisse.

Comme ce *Memento homo, quia pulvis es...* toujours terrible, était saisissant à cette heure, après les vicissitudes que nous venions de traverser, et à la veille peut-être de nouveaux combats!... Aussi, quel fortifiant secours dans les paroles de la liturgie, dans le *trait* surtout, *Domine non secundum...* tiré des psaumes 102

---

une fois avec les lois de l'équilibre, et jusqu'à laisser glisser à terre le centre de gravité.

M'apercevant passer, il se redresse, et me tendant la main :

« Eh bien ! mon Aumônier, » dit-il, « c'est encore moi...
« Mais je vous reconnais... Et moi je suis un tel... Vous sa-
« vez, le moblot dont vous avez parlé dans votre livre,...
« trahi si indignement par le gueux de petit vin blanc de
« Thuré...

— « Mais, mon ami, vous l'avez donc retrouvé ici !... Il
« vous suit donc partout !...

— « Par exemple ! mon Aumônier, mais j'ai pas bu...

— « Vous n'avez pas bu, mon fils, alors qui donc vous a ainsi cassé les jambes?

— « C'est toujours pas le vin ni l'eau-de-vie, car j'en ai pas pris assez pour cela...

— « Qu'est-ce donc alors?...

— « Faites excuse, mon aumônier, eh bien ! ... ce qui
« m'a perdu comme cela ce sont... les larmes de mon
« épouse !... » . . . .

et 78, dans ces mots qui vont revenir sans cesse durant ces jours. *L'homme de douleurs... Il fallait que le fils de l'homme souffrît !...*

Il serait profitable de penser à cela dans les peines et les calamités. La vie n'est qu'une marche vers l'éternité. Il y a des combats, des grand'gardes, des ambulances aussi, hélas ! quelques trêves ; mais il n'y a point de grande halte. Le temps galope toujours.

A Clairvaux, des ruines d'une belle forteresse, pleines de grandeur et d'intérêt, dominent au loin la contrée. C'était un but de promenade qui m'était d'autant plus agréable que j'étais certain d'y rencontrer des officiers et des soldats du 37e, cantonnés aux alentours. Quelquefois on atteignait le sommet du vieux donjon par un escalier qui n'est pas sans danger. La vue de là s'étend sur la vallée qui fuit vers l'horizon et dont la verdure naissante empruntait une nouvelle beauté aux chauds rayons du soleil. Le lierre, la vigne agreste, les herbes folles et libres couvrent les vieilles meurtrières, enfonçant leurs racines dans les contreforts et les grandes assises des murailles. Les ruines de la vieille chapelle qui semble appartenir au xie siècle attiraient surtout mon attention. Elle a conservé une abside remarquable où le temps n'a pas encore fait entièrement disparaître d'anciennes peintures. Sur les voûtes en partie effondrées, un petit bois a poussé, les épines sont en fleurs et de jolies plantes naissent et meurent sans être inquiétées. Autour des arceaux, les fraisiers champêtres promettent une abondante récolte aux petits oiseaux du bon Dieu, hôtes fidèles de ces demeures abandonnées.

Vraiment ces grands débris, lorsque le printemps recouvre de sa riante parure les ravages des hommes et du temps, seraient dignes d'être admirés par un peintre ; mais la nature a des beautés qui sont pour tout le monde.

Un jour que l'air était très-doux, que tout était paix et silence, je m'étais arrêté plus que de coutume en cet endroit si varié, qui n'était ni le monde ni la solitude, mais qui semblait, je ne sais pourquoi, ce soir-là, en harmonie parfaite avec mes idées, je rencontre un des officiers du 37e et nous causons longuement.

Le lieu convenait aux rapprochements austères. Ces ruines couvertes de mousse, ces pierres disjointes par la main des hommes et des siècles, ont été imbibées de larmes et de sang, puisque la destruction est de tous les âges et de tous les pays, comme une loi générale, mystérieuse, que notre esprit ne peut comprendre.

Assis sur ces voûtes à demi effondrées, ce que nous avons dit de la guerre au temps passé et de nos jours, je ne l'ai pas retenu ; mais ce que je n'ai pu oublier, c'est l'accent ému avec lequel, lorsque nous nous séparâmes, le lieutenant me dit ces paroles :
« C'est étrange ! il n'y a que quelques jours
« que je commence à sentir la joie de me
« savoir vivant !... ces six derniers mois sont
« pour moi comme un affreux cauchemar...
« J'en ai tant vu mourir du 37e !... Je jouis
« du bonheur qu'aura ma pauvre mère à me
« revoir. »

Puisse-t-il l'avoir retrouvée, et n'être pas tombé auprès de son brave colonel et d'une partie de ses frères d'armes quelques mois plus tard en entrant dans Paris !...

———

Le 9 mars, dans la soirée, la nouvelle de la mort de Marcel de Jumilhac vint assombrir pour le 33e la joie du retour. Nous apprenons qu'il a succombé à Laval, à l'ambulance des

Pères de Saint-Michel, où nous l'avions laissé. Ce jeune lieutenant à la figure imberbe, doux, éminemment modeste, laissant deviner ses qualités, était doué d'un charme parfait. Tout en lui respirait la bonté, commandait l'affection, A la fin de la campagne, à Andouillé, où il s'alita tout à fait, la souffrance avait donné tous les dehors de l'âge mûr à sa sympathique nature ; et malgré cela on avait conservé jusqu'au dernier jour l'espoir de le voir revenir.

Aussi tout le monde fut affligé. On me demanda pour le lendemain une messe de *requiem*, que je célébrai dans la grande église paroissiale de Thuré pour lui et aussi pour les nombreuses victimes que la guerre avait faites dans notre régiment.

Et ces prières inspirées et demandées par l'amitié ont dû monter tout droit jusqu'au cœur de Dieu.

Ce même jour, notre général de brigade, le colonel Ribell, vint nous faire ses adieux dans des termes qu'aucun des officiers n'a oubliés.

Le 15, nous rendons les armes et les effets

de campement à la manufacture de Châtellerault, et le 16, départ pour le pays. Les étapes furent doublées, et personne ne s'en plaignit. Le bonheur donnait des ailes, et les jarrets ne pliaient pas.

Neuf et dix lieues par jour à pied étaient au-dessus de mes forces ; mais je dus à la générosité du capitaine adjudant-major R. de Grandval de les faire en voiture, derrière le régiment, nous arrêtant avec lui à toutes les étapes.

Si le pays que nous avons traversé depuis Châtellerault, Loudun, Saumur, jusqu'à Baugé a été épargné cette fois-ci par la guerre, les ruines de forteresses et de châteaux parsemés dans ses vignobles indiquent qu'au moyen âge il a été profondément tourmenté.

En route nous apprenons la révolte sanglante de la capitale. Après avoir vu la patrie épuisée, enserrée dans les griffes de ses implacables vainqueurs, il faut que nous la sachions déchirée par les mains de ses enfants. L'heure est singulièrement triste, et notre cœur n'est pas tout entier à la joie du retour.

A La Flèche, le Sous-Préfet et le Maire viennent recevoir le 33ᵉ et lui procurer dans la ville la meilleure hospitalité. Le premier bataillon se disperse et le 2ᵉ et le 3ᵉ reprennent la route du Mans. La dernière étape où l'on s'arrêta pour secouer la poussière du chemin, fut Arnage.

Un beau soleil répandait sa lumière sur cette route que nous avions vue couverte de neige.

En revoyant ces sapins si connus, ce chemin aux Bœufs, témoins de tant de souffrances et de dangers, chacun ne pouvait se défendre d'un battement de cœur. Depuis ce dernier village jusqu'au Mans, les familles des mobiles sont sur la route. Le soldat entend son nom, tressaille, redevient le frère, le fils, l'époux ; et les mères reconnaissent sous ces uniformes ternis et ces visages où tant de fatigues ont laissé leur trace, l'enfant pour lequel elles ont tremblé, pleuré et prié.

Pour lui, il est heureux, il ne pense plus au plomb qui tue ni aux boues aussi meurtrières de Saint-Sigismond. La guerre a doublé sa vie. Il revient plus homme, non moins fils.

Il aura des souvenirs pour les veillées, des récits qui feront sourire et verser des larmes. Il redira aux enfants les belles actions des camarades qui ne sont plus, et les mille épisodes de cette vie si active, si courageuse, si variée. Il aime alors le clairon qui sonne la marche, et l'air du père Bugeaud :

« As-tu vu, la casquette, la casquette... »

entendu souvent sans plaisir, lui semble en ce moment, un écho des fanfares de son cœur content.

Le drapeau n'a plus sa fraîcheur sans doute, il est déchiré ; mais il revient entre les mains de jeunes hommes qui ont apporté à la défense nationale un contingent sérieux de patriotisme.

Sur la place des Jacobins, le colonel adresse ses adieux d'une voix émue. Les mobiles du 33ᵉ pouvaient être fiers de recevoir ainsi publiquement les éloges de leur officier supérieur, qui les ramenait après plus de six mois d'absence au lieu du départ, portant lui-même au-dessus de son bras en écharpe la glorieuse marque du combat.

APPENDICE

I

Les officiers du 33ᵉ, qui avaient déployé en toutes circonstances un courage digne d'éloges, ne pouvaient oublier leurs camarades tombés à leurs côtés. La bravoure et la générosité marchent toujours ensemble.

Aussi, le vœu exprimé par notre colonel d'ériger un monument à nos frères d'armes sur les champs de bataille témoins de leur sacrifice, rencontra-t-il dans tous les cœurs un écho généreux.

Par ses soins une messe a été fondée à perpétuité, aux jours anniversaires des combats, dans les églises d'Épieds-Coulmiers, de Loigny et de Beaugency, pour demander à Dieu de donner à ceux que nous pleurons et dont les corps reposent dans les plaines circonvoisines le repos éternel. *Dona eis, Domine, requiem sempiternam...*

Et, dans un endroit apparent, auprès du sanctuaire, on a fixé un monument où leurs noms sont gravés en lettres d'or. — Témoignage contre l'oubli, mémorial authentique de leur valeur et de notre gratitude.

Afin d'en couvrir les frais, une collecte a été faite au banquet fraternel qui réunissait tous les officiers du régiment à *l'hôtel de France,* le jeudi 30 novembre 1871.

Le journal *La Sarthe* raconte ainsi l'objet de cette réunion :

« A la fin du dîner, M. de Sabran est venu offrir au colonel, M. de la Touanne, une épée d'honneur. Il s'est fait l'interprète des sentiments de reconnaissance que le régiment tout entier professe pour celui qui l'a si bravement conduit au feu, et dirigé partout avec tant de sollicitude, jusqu'au moment où une glorieuse blessure est venue le séparer de ses compagnons d'armes.

« En quelques paroles qui font plus d'effet que les longs discours, le colonel a remercié avec émotion M. de Sabran et le régiment tout entier du témoignage de sympathie qu'il lui donnait.

« Il a dit avec beaucoup de raison que la longueur du temps écoulé depuis la fin de la guerre lui rendait cette récompense encore plus précieuse. A pareille distance en effet, il n'y a plus de place pour l'illusion qui trompe ; les opinions sont raisonnées, fermement assises sur le souvenir des faits, sur l'examen sérieux de la conduite et des intentions. »

Ensuite, M. de la Touanne a présenté à l'aumônier du 33e, M. l'abbé Morancé, un magnifique crucifix en émail, en le remerciant dans des termes trop bienveillants pour qu'il nous soit possible de les répéter dans cet ouvrage.

M. l'abbé Morancé a répondu d'une voix émue :

« Messieurs,

« Je suis extrêmement touché des paroles que vous venez d'entendre, de l'aimable et généreux présent, à l'occasion duquel notre digne colonel vient de les prononcer.

« J'avais déjà reçu, au delà de toute mesure, la récompense de mes faibles services. Votre bonne amitié, Messieurs, si persévérante dans notre temps qui oublie vite, suffisait à mon ambition terrestre, et vous avez tenu si haut et si ferme le drapeau du 33ᵉ, que ce sera l'honneur de ma vie de l'avoir accompagné et servi.

« Mais il y a un sentiment élevé, quelque chose d'une exquise délicatesse dans le choix que vous avez fait de ces deux objets pour notre colonel et pour moi, dans ce Christ et dans cette épée, témoignages sensibles de la bienveillance de vos cœurs.

« C'est l'épée qui soutient l'honneur de la patrie, protége son indépendance ; mais c'est le Christ qui lui assure le repos et le bonheur.

« Lorsque seront achevés nos jours de douloureuse expiation, c'est l'épée qui rendra à la France ses frontières naturelles et séculaires, mais c'est par le Christ qu'elle reprendra dans le monde sa grandeur morale et son premier rang parmi les nations.

« Enfin, mon colonel et Messieurs, l'épée entre vos mains, il y a un an, ouvrait au 33ᵉ les portes de l'histoire ; le Christ un jour vous ouvrira celles de l'éternité. »

Le lendemain, vendredi 2 décembre 1871, après une messᵉ de *Requiem* célébrée par l'aumônier pour tous nos défunts, et à laquelle assistaient la plupart des officiers, une députation du régiment se rendait au service solennel et anniversaire célébré dans l'église de Loigny.

Dans le chœur, au côté droit, le 3ᵉ écusson rappelait la bravoure des mobiles de la Sarthe. Un grand nombre d'officiers des divers régiments qui avaient pris part à la bataille, étaient accourus de tous les points de la France. Puis, l'office terminé, la foule immense se dispersa dans la plaine, parsemée çà et là de petits monticules surmontés d'une croix de bois. Ce sont les tombes de nos frères d'armes. Beaucoup n'ont pas été inhumés, les habitants du pays ont creusé un fossé profond autour d'eux, en jetant la terre sur leurs corps.

Nous allâmes, le commandant de Musset, le capitaine Duboys d'Angers et moi, nous agenouiller aux pieds de ces tumulus. — Là où nous les avions vus tomber et où nous supposions qu'ils reposent, nous avons récité le *De profundis*.....

Le beau psaume XXIVᵉ revint à ma mémoire, *Ad te, Domine, levavi animam meam.*

« O Dieu ne vous souvenez ni des fautes de
« ma jeunesse ni de mes ignorances !... »

*Propter nomen tuum propitiaberis peccato
meo, multum est enim !*

« Pour la gloire de votre nom, Seigneur,
« vous me pardonnerez mon péché parce qu'il
« est grand !... »

Il fallait que le roi-prophète eût pénétré
bien avant dans les secrets de la miséricorde
divine pour parler ainsi. . . . .
. . . .

« Mes jours ont décliné comme l'ombre !
Evigilabunt !... Ils se réveilleront !...

*Audivi vocem dicentem mihi : Beati mortui,
qui in Domino moriuntur...*

« J'ai entendu une voix d'en haut qui di-
« sait : Bienheureux ceux qui meurent dans
« le Seigneur, — ils se reposent dès à présent
« de leurs travaux, car leurs bonnes œuvres
« les suivent !... »

Après la mort pour Dieu, en témoignage
de la vérité et de la justice, mourir en défendant son pays, c'est la plus grande destinée
ici-bas.

Ces prières sont toujours admirables, mais

comme elles étaient lumineuses pour nous, à cette heure, dans cette plaine assombrie par tant de douloureux souvenirs, devenue le sépulcre de nos amis et sur laquelle il s'en a si peu fallu que nous ne tombions nous-mêmes ! . . . .
. . . .

Témoignage aussi d'amitié qui élargit le cœur et le revêt d'espérance ! Prière des survivants agenouillés sur les restes de leurs frères et dont l'âme par delà ce monde, veut soulager la leur. . . . .

Sur ces croix, pas de noms, on lit seulement : Ici 45 soldats français. — Ici reposent 55 soldats français, etc.....

Il avaient accepté la rude et glorieuse tâche de périr pour le salut du reste de l'armée. En attendant le monument que la patrie élève à leur mémoire, ces humbles tumulus enseignent le chemin de l'honneur, comme au désert les pierres amoncelées annoncent au voyageur la route qu'il doit suivre. Pour nos cœurs ce sont des *Memento*.

Il y a eu dans cette journée, dont le souvenir est toujours gravé dans nos cœurs, de charmantes rencontres. Des officiers venus des quatre coins de la France, se retrouvent, se reconnaissent là où ils avaient combattu et souffert ensemble. Même froid que l'année précédente à pareil jour... En allant d'une tombe à l'autre, on pouvait marcher sur le sillon, sans qu'il gardât la trace de nos pas.

NOMS DES OFFICIERS, SOUS-OFFICIERS ET SOLDATS DU 33ᵉ RÉGIMENT MOBILE DE LA SARTHE

GRAVÉS SUR LE MARBRE

Dans la chapelle du Sacré-Cœur de l'église de Loigny
Devenue le sépulcre glorieux des héros du 2 décembre 1870.

(Côté droit de l'autel.)

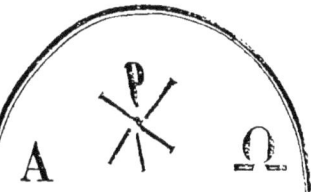 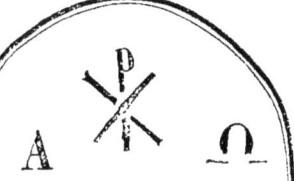

Duc de Luynes, *capitaine.*
Hameau Georges, *serg.-maj.*
Leblais, *sergent-major.*
Séguin, *sergent-major.*
Camus, *sergent-fourrier.*
Dupont Louis, *caporal.*
Langer Henri, *caporal.*
Poirier Louis, *caporal.*
Salé Joseph, *caporal.*
Allard François.
Aveline.
Bruon L.
Bourdin Louis.
Boisnet Henri.
Bignon Pierre.
Barbier Auguste.
Barbier Ernest.
Benou Louis.
Bouttevin J.-☩
Bigot Henri.
Bertrand Alcide.
Chevet Julien.
Callu Louis.
Chauvin Almire.
Chanché François.
Cruché Julien.
Conrad, 25 décembre.
Divaret, 1ᵉʳ décembre.
Dupin Louis, 2 décembre.
Desmares Auguste.
Delorme Louis, 1ᵉʳ décembre.
Daboineau, 7 janvier.
Fessier Henri, 2 décembre.
Fougère Marie, 10 déc. Orléans.
Foulard, 9 janvier, Orléans.
Guérineau, resté, 2 décembre.
Garnier Jean, resté, 2 décembre.
Godefroy Auguste, 2 décembre.
Gauthier Julien, 2 décembre.

Guiet, 2 décembre.
Gagneau Théodore, 3 décembre.
Hardy Louis, 2 décembre.
Harmange Louis, 2 décembre.
Lefeuvre Alexis, 2 décembre.
Lambert Louis, 2 décembre.
Lemaître Louis, 2 décembre.
Lallier François, 2 décembre.
Ledru Joseph, 5 janv., Orléans.
Leguy François.
Lermitte, 2 déc., Orléans.
Lassay Julien, 1ᵉʳ décembre.
Lachaud Pierre.
Léon Alex., 2 décembre.
Millet Célestin, 2 décembre.
Maudet.
Mersenne, 2 janvier.
Mercier Louis, 1ᵉʳ décembre.
Marquet.
Ory René.
Posson Alex.
Pinot Aug., 2 décembre.
Pattoic Julien.
Pommier Eugène.
Ponsse Pierre.
Paulain Jules.
Rocheteau Victor.
Remors Louis.
Rocher Alf.
Ruault Etienne.
Richome Victor.
Renois Auguste.
Sailler Auguste.
Souchu Joseph.
Tessé Jean.
Thourault Jean, 11 décembre.
Tizu Louis.
Tessé François.
Varei Ernest.

Beati qui vos viderunt et in amicitia vestra decorati sunt. Eccl. XLVIII-XI.

Heureux ceux qui vous ont vu et qui ont été honorés de votre amitié.

Toute maison est noble, qui a son écusson admis dans la salle et l'armorial des croisades, a dit l'illustre orateur de cette mémorable journée.

Immortel honneur aux familles dont les noms figurent sur ces diptyques.

Sur l'église de Loigny et sur le caveau dans lequel les corps de nos pauvres camarades sont déposés, voici ce que nous apprend *La Voix de Notre-Dame de Chartres :*

« La grande et belle église de Loigny domine déjà de toute sa hauteur ces immenses plaines de la Beauce qui furent ensanglantées, le 2 décembre 1870, par les victimes de la guerre.

« Quand on a dépassé la station d'Orgères, sur la ligne de Rouen à Orléans, on aperçoit, à sa gauche, ce vaste édifice, et, instinctivement, on le salue au passage comme un glorieux mausolée qui renferme les restes précieux de tant de braves soldats. Mais si l'on s'en rapproche pour le visiter, on se sent de plus en plus ému, malgré les années qui nous séparent des événements ; car ce n'est qu'après avoir traversé les croix plantées çà et là dans ces champs de la mort, que l'on arrive au village de Loigny et à sa nouvelle église. A cette vue on dirait que c'est le sang de tous ces jeunes martyrs du devoir et du patriotisme qui a fécondé ce lieu devenu célèbre, et en a fait surgir tout à coup ce magnifique temple où l'on prie sur leurs cendres et où leurs âmes prieront pour la France.

« Cette église, mérite que l'on en parle, pour la consolation de beaucoup de familles qui vont y renfermer leurs plus chers souvenirs.

« Construite dans le style roman, c'est-à-dire à plein cintre, elle est composée d'une large nef et de deux bas-côtés très-étroits. Aux quatre angles, autrement dire de chaque côté de la façade principale et du sanctuaire, s'élèvent quatre petites tours carrées qui ont l'avantage de masquer la toiture en appentis des bas côtés. Une chapelle funéraire de forme carrée sert de prolongement au sanctuaire et d'abside à l'église. Ce sanctuaire regarde le couchant, il n'a pu être orienté, selon l'usage traditionnel de l'antiquité chrétienne, à cause des difficultés de l'emplacement. La tour qui devra s'élever à l'entrée de l'église n'est pas encore commencée. Elle servira de porche à sa base et sera couronnée d'une flèche imposante de quarante mètres de hauteur.

« L'ensemble de ce plan admirablement conçu fait honneur à l'architecte, M. Douillard, de Paris. Il a su donner un cachet d'élégance architecturale à toutes les parties de l'édifice, même d'une utilité secondaire, et toutes ces parties s'équilibrent parfaitement par un savant parallélisme. Ajoutons que, pour l'exécution, il est secondé d'une façon intelligente par M. Hurteaux, entrepreneur général et par M. Lépine, qui a la direction de la maçonnerie.

« Entrons maintenant dans quelques détails pour offrir une idée plus exacte de ce monument.

« Son architecture extérieure plaît tout d'abord à l'œil du visiteur, malgré l'absence de ce clocher monumental qui en complétera la perspective. Certaines lignes en briques rouges lui donnent un aspect rien moins que triste. Il est vrai qu'avant tout, cet édifice est la maison de Dieu, où jaillit la source de toutes les consolations divines.

« Ces parties en briques sont les contreforts des basses-nefs et les bordures des fenêtres qui éclairent la nef principale. Ces fenêtres, surmontées d'un oculus ou d'une ouverture circulaire, sont réunies deux à deux sous un cintre en briques ou une espèce d'arcade simulée à fleur des murs.

« Les tours qui flanquent chaque côté de la façade et celles du sanctuaire où elles figurent comme un transept, à l'extérieur sont percées, au premier étage, de fenêtres très-étroites dans le style du xe au xie siècle. Ces simulacres de meurtrières ont bien ici leur langage. Mais en fait de projectiles, c'est la prière qui en sortira, plus puissante que les énormes boulets prussiens. Le second étage a de larges ouvertures à linteau horizontal séparées par une colonnette.

« La chapelle funèbre qui s'élève au chevet de l'église est recouverte d'un dôme sur lequel s'élance une flèche légère surmontée d'une croix de quatre mètres environ de hauteur et du poids de quatre-vingts kilos. Ce signe de salut indique de loin le lieu précis qui abrite les restes des combattants de Loigny.

« Cette chapelle est la partie la plus ornée de la construction. Un rang d'arcatures supportées par des colonnettes aux chapiteaux sculptés, règne sur ses trois faces. Elle présente comme un air de petite forteresse. Les angles rentrant qu'elle forme avec la saillie des bas-côtés sont ingénieusement remplis par deux tourelles circulaires très-élégantes. Les modillons sculptés qui supportent les corniches des toits sur toute l'étendue de l'enceinte achèvent de caractériser son style à la fois agréable et sévère.

« A l'intérieur, la nef principale se compose de trois larges baies dont les arcs s'appuient sur de gros piliers carrés. Sa longueur, ainsi que celle des nefs latérales, s'augmente naturellement, aux deux extrémités, de la dimension des tours dont nous avons parlé.

« Ces tours forment à la base un carré parfait compris dans la longueur des bas-côtés.

« C'est le lieu de parler de leur destination. L'une des deux qui ornent la façade renferme les fonts baptismaux, et l'autre l'escalier qui conduit au clocher. Celles qui accompagnent le sanctuaire servent de chapelles. Leurs autels sont par conséquent sur la même ligne que le maître-autel. Les deux tours de l'entrée sont reliées entre elles par une tribune qui peut s'étendre au besoin jusque dans la grande tour du clocher.

« La chapelle funéraire est terminée à l'intérieur et dans sa partie décorative. Sa voûte circulaire figure une calotte aplatie. Cette coupole est enrichie de dix médaillons peints dont l'un forme le centre. Les grandes peintures qui couvrent les murailles sont exécutées par d'habiles artistes ; elles ont été marouflées après l'achèvement de l'église. Au fond de cette chapelle se dresse un autel, et au-dessus s'élève un cénotaphe en marbre noir, autour duquel on lit les noms des nobles victimes ensevelies dans un caveau creusé sous le sol. L'une des tourelles que nous avons mentionnées sert de descente pour pénétrer dans ce caveau spacieux.

C'est donc là que reposent désormais les héros de Loigny, ces braves enfants de la France qu'ils ont aimée plus qu'eux-mêmes, ces zouaves pontificaux, ces mobiles de la Sarthe avec leurs camarades du 37e de marche, les mobiles des Côtes-du-Nord et plusieurs autres qui ont sacrifié leur vie pour elle. Ils méritent bien ce lit de repos tous ces nobles guerriers que la neige recouvrit longtemps de son froid linceul. Ce monument, perpétuera leur mémoire et aussi les beaux exemples de courage qu'ils ont légués à la postérité.

II

Le 9 novembre 1872, les officiers du 33ᵉ se retrouvaient encore une fois réunis autour de leur colonel, dans la plaine de la Beauce, pour l'inauguration des monuments de nos chers camarades dans l'église d'Épieds, et sur leur tombe, dans le champ, sur les limites de Coulmiers, et dans l'église de Beaugency.

Nous trouvons dans *La Sarthe* de cette époque le récit que nous allons reproduire et qu'avait tracé autant avec le cœur qu'avec la plume le rédacteur en chef qui a tant aimé ses frères d'armes.

Beaugency, 9 novembre 1872.

« J'arrive d'Épieds et je m'empresse de vous envoyer un compte rendu de la cérémonie qui a été célébrée aujourd'hui 9 novembre. Elle a été fort touchante, et nous avons regretté vivement que tous ceux qui ont eu, il y a deux ans, leur part à la peine, n'aient pu avoir cette fois une part à l'honneur. Les officiers du 33ᵉ mobiles étaient nombreux ; une vingtaine d'entre eux étaient accourus de différents points, la plupart de notre département, plusieurs de Paris et du fond même de la Bretagne, pour payer leur tribut de pieux souvenirs à ceux qui sont tombés à leurs côtés dans cette plaine, où ils reçurent le baptême du feu.

M. de la Touanne, leur brave colonel, l'aumônier, M. l'abbé Ch. Morancé, les commandants du 1er et du 3e bataillon, MM. de Lentilhac et de Musset, un grand nombre de capitaines et de lieutenants, quelques sous-officiers représentaient dignement le régiment.

Plusieurs conseillers généraux du Loiret avaient tenu, eux aussi, à venir honorer nos morts ; nous voulons leur témoigner ici toute notre reconnaissance, et nous sommes heureux de pouvoir reproduire plus loin le discours prononcé par l'un d'entre eux, l'honorable M. Guille, représentant du canton de Meung.

Un officier du 38e et un officier de la Dordogne avaient été délégués par leurs camarades pour se rendre à Épieds ; nous avons remarqué avec peine l'absence des officiers de ce valeureux 37e de marche, compagnon inséparable des mobiles de la Sarthe, et qui donna partout de si nobles exemples de courage et d'abnégation patriotique. Mais le camp de Châlons réclamait ceux qui restent de ce glorieux régiment, si admirablement loué par Mgr Pie, à la cérémonie de Loigny.

M. le maire d'Épieds et son conseil municipal qui ont contribué pour une part importante à l'érection du monument bâti sur le territoire de leur commune, ont accueilli leurs hôtes avec une grâce parfaite.

De brillants préparatifs avaient été faits à l'avance ; à notre arrivée, l'église était tendue de noir, pavoisée de drapeaux français, et c'est entre la haie formée par l'excellente compagnie des pompiers du pays que le cortége a fait son entrée.

A l'intérieur, des guirlandes de verdure, un catafalque dressé dans le chœur et surmonté d'un écusson portant la devise : *9 novembre 1870, aux mobiles de la Sarthe et aux soldats du 37ᵉ de marche ;* une couronne de lauriers encadrait noblement l'écusson. La plaque qui porte les noms des soldats tués à la bataille de Coulmiers avait été, dès la veille, appliquée à la muraille de la nef, et elle brillait au milieu d'une fraîche guirlande. L'église était remplie par une population émue et recueillie ; les habitants du pays se pressaient dans l'enceinte et montraient, par leur attitude, qu'ils s'associaient à nos sentiments de pieux regrets et de patriotique douleur.

Le service divin a été célébré par M. Clesse, un des archidiacres d'Orléans.

Après la messe, toute l'assistance s'est dirigée processionnellement, bannière voilée en tête, et drapeaux déployés, vers le monument dressé à la mémoire des morts. Cette funèbre promenade à travers le champ de bataille avait quelque chose de touchant ; tout s'accordait d'ailleurs pour réveiller en nous les souvenirs qui nous sont si chers. Le temps était sombre, gris et un peu humide, comme au jour du combat ; mais nous n'étions pas tous là, et nous pleurions ceux qui manquaient.

Arrivé au pied du monument, le cortége s'arrêta, et sur l'invitation de son colonel, M. l'abbé Morancé s'étant avancé au pied de la petite éminence, prononça d'une voix émue le discours suivant :

Messieurs,

« En revoyant cette plaine que nous traversions à pareil jour, il y a deux ans, avec des pensées si différentes, nous ne pouvons nous défendre d'une émotion de tristesse et de bonheur.

« De tristesse, à cause de ceux que nous avons vus tomber autour de nous, nos compatriotes et nos amis.

« De bonheur, en nous retrouvant en si grand nombre autour de cette tombe, unis dans un même sentiment d'affection, de douleur et d'admiration.

« Nous, Messieurs, nous avions à vous suivre peu de mérite, et devant vos fatigues et leurs souffrances, nous pouvions peu de chose, mais la consolation de notre impuissance a été de vivre à côté de vous sous les coups des mêmes dangers.

« Le 33e fut mis à l'ordre du jour de l'armée, et son histoire, écrite par une main qui a su tenir si bien l'épée, restera.

« C'est beaucoup pour la gloire humaine ; mais vos pensées sont allées plus loin, vos cœurs ont monté plus haut.

« Par votre générosité, la pierre du tombeau va devenir l'autel du Saint-Sacrifice.

« Sur cette terre arrosée d'un sang généreux, chaque année, à pareil jour, sera offert le sang rédempteur, qui va purifier et sauver les âmes, dans le séjour de l'expiation.

« Lorsqu'il ne restera plus rien en ce monde du 33e, lorsque la mort aura éteint la douleur et le souvenir dans le cœur des mères, de ce lieu s'élèvera vers Dieu en ce jour, à perpétuité, la puissante voix de la prière.

« Ils sont morts simplement, Messieurs, comme on vient de vous le dire, sans donner un regret aux récompenses et aux honneurs que leur réservait la reconnaissance de la Patrie, s'ils avaient pu survivre à leurs blessures. Mais leur nom vivra dans la succession des siècles.

« Ils reposent ici, Messieurs, loin de notre pays, mais près de nos cœurs, sous le regard de Dieu.

« Et nous allons partir avec le ferme espoir que nous les retrouverons un jour dans un monde meilleur. »

M. le vicomte de la Touanne a pris ensuite la parole en ces termes :

Messieurs,

« Réunis au pied de ce monument destiné à perpétuer le souvenir de nos pauvres camarades tombés glorieusement en défendant le pays, je veux d'abord remercier tous ceux qui se sont associés à notre pieux désir, MM. Pilate père et fils, et les habitants d'Épieds, dont le conseil municipal nous a prêté un si précieux concours. Merci donc pour ces braves du 37e de marche, enfants de toute la France ! Merci pour ces Mobiles de la Sarthe qui, arrachés quelques jours auparavant à leurs travaux, venaient ici recevoir dignement le baptême du feu. Leurs familles savent aujourd'hui que leurs dépouilles mortelles sont respectées, que l'Église est venue leur donner une dernière bénédiction, et cette pensée sera toujours bien chère au cœur des mères.

« Messieurs, il y a deux ans, tandis que les enfants du Loiret défendaient courageusement Paris, l'armée de la Loire se formait, et la jeunesse de la Dordogne, de la Mayenne, du Loir-et-Cher et de la Sarthe débutait solennellement dans la vie. Qu'y a-t-il, en effet, de plus respectable, de plus émouvant que l'abnégation de ces jeunes hommes, venant s'offrir simplement pour défendre la patrie ? Ce sacrifice était fait sans forfanterie et sans enthousiasme ; nous n'osions pas, hélas ! espérer être plus heureux que nos aînés. Mais le pays avait besoin de nous, et nous nous serrions autour de notre vaillant général. Plus tard il a bien voulu rendre un glorieux hommage à son ancienne 1re division. Cet hommage, Messieurs, je n'hésite pas à dire qu'il est dû au grand sentiment qui n'a cessé de nous animer pendant toute la campagne, et que M. l'amiral Jauréguiberry avait su porter à un si haut point, ce sentiment, c'est le sentiment du devoir.

« Grâce à lui, nous avons pu traverser sans faiblir les épreuves les plus douloureuses, supporter les fatigues les plus dures. C'est qu'aussi, outre le noble exemple de M. l'amiral, nous avions auprès de nous, pour nous soutenir, nous réconforter, ces admirables aumôniers qui, les premiers au combat, les derniers sur le champ de bataille, nous rappelaient nos familles, nos foyers éteints d'où s'élevaient de si ardentes prières. En les voyant nous étions sûrs qu'une main amie serait toujours là au moment suprême, et c'est avec anxiété que nous les suivions des yeux.

«Après cinq mois de cette terrible campagne, mûris par une cruelle expérience, soutenus par ces deux grandes idées : Dieu et le Pays, nous étions arrivés à l'union la plus intime, à la confiance la plus grande les uns dans les autres, et ce fut avec une véritable peine que nous vîmes sonner l'heure de la séparation. Messieurs, un régiment est une famille et représente le pays tout entier. Laissez-moi donc espérer avec vous que ces sentiments, qui ont fait notre force et dont l'expérience nous a montré tout le prix, loin de les oublier, nous en ferons notre ligne de conduite, nous les répandrons, nous les ferons apprécier. C'est ainsi qu'unis dans l'amour du pays, nous préparerons vraiment sa force et nous lui rendrons sa grandeur. »

Enfin M. Guille, conseiller général du Loiret, a prononcé l'allocution suivante :

Messieurs,

« Au nom des habitants du canton de Meung que j'ai l'honneur de représenter au Conseil général, je viens aussi apporter aux glorieux soldats qui reposent sous ce monument, l'hommage de leurs regrets et de leur profonde reconnaissance.

« Ils ont combattu et succombé ces soldats du vaillant régiment de Mobiles de la Sarthe, si bien conduits par leur brave commandant, M. le vicomte de la Touanne, notre compatriote, avec leurs camarades non moins héroïques du 37e de marche, pour conserver intacts notre patrimoine national et notre unité, et en combattant ainsi, ils nous ont délivrés du joug de nos ennemis qui, depuis un mois dans cette contrée, jetaient la ruine et la désolation dans toutes les familles. Nous n'oublierons jamais le souvenir de ce que nous avons ressenti de soulagement, dans notre détresse et dans nos angoisses, le jour où ce grand éclair d'espérance illumina la Patrie tout entière, le jour de cette mémorable bataille de Coulmiers, dont nous avions suivi les péripéties avec les émotions les plus grandes, celles qui avivent la sensibilité nationale.

« Honneur donc aux officiers du régiment de Mobiles de la Sarthe! honneur à la commune d'Épieds, et à tous ceux qui ont pris l'initiative d'élever ce monument à la mémoire de ces héros !

« Il faut en effet, Messieurs, que le souvenir des sacrifices faits à la Patrie dans la journée du 9 novembre 1870, sur ces champs de bataille, se perpétue d'âge en âge, jusqu'au jour béni où nous réaliserons ce qu'avait entrepris l'armée de la Loire, Ce jour viendra, j'en ai la conviction profonde, parce que la génération nouvelle saura tremper sa conscience dans l'amour ardent de la Patrie et dans la pratique des vertus chrétiennes.

« Officiers et soldats, qui avez payé de votre vie et scellé de votre sang la victoire de Coulmiers, honneur à vous, dormez en paix, votre mémoire restera parmi nous sacrée et impérissable ! »

Inutile de dire que tous ces discours, pensés et écrits avec le cœur, ont été vivement goûtés par les nombreux assistants.

M. l'archidiacre a consacré ensuite, par une bénédiction solennelle le monument où reposent nos compagnons d'armes. C'est l'Église qui, dans ses prières, leur a jeté le dernier adieu.

Cette modeste construction, qui marque la place où reposent aujourd'hui tant de braves et obscurs soldats du devoir, est d'une simplicité qui rend les descriptions et les développements inutiles. Un piédestal de verdure, et une pyramide toute simple, sans ornements.

Sur deux faces une inscription ; d'un côté ces mots :

AUX OFFICIERS ET AUX SOLDATS FRANÇAIS
TOMBÉS GLORIEUSEMENT
SUR SON TERRITOIRE
LE 9 NOVEMBRE 1870
LA COMMUNE D'ÉPIEDS.

De l'autre une courte énumération des régiments composant le 16ᵉ corps au moment de la bataille de Coulmiers.

Après la bénédiction, nous sommes revenus à Épieds dans le même ordre, précédés par le clergé, chantant les prières des morts : nous sommes rentrés à l'église, où M. l'abbé Clesse nous a adressé quelques paroles, éloquentes dans leur brièveté, sur l'union intime et nécessaire du patriotisme et de la religion.

De là nous allons visiter au cimetière une

tombe commune qui renferme les corps de quarante-cinq soldats français de divers régiments, recueillis sur le champ de bataille du 9 novembre. Une pierre surmontée d'une croix, avec ces mots : *Souvenir et prière !* Quelques sapins plantés dans la terre qui recouvre les cadavres, voilà tout ce qui est destiné à perpétuer le souvenir des nôtres ; c'est assez, parce que nous conservons religieusement leur mémoire dans nos cœurs. D. M.

Les amis qui sont là ont partagé notre vie, nos joies, nos souffrances. Ils furent arrachés du même pays, en même temps que nous, à la vie calme et paisible, jetés avec la même inexpérience dans la mêlée, et ils ont connu la pratique généreuse du devoir jusqu'à l'effusion du sang.

Puisqu'il est entré dans les desseins de Dieu que nous leur survivions, c'est pour nous un devoir sacré de prier pour eux. La grande famille catholique est une société qui ne se dissout pas par la mort. Elle a une loi qui unit les âmes arrivées au terme avec celles qui restent encore dans la lutte, et une loi qui permet à ceux qui peuvent encore souffrir et prier de venir en aide aux amis qui attendent dans le séjour de l'épreuve le moment de l'éternel repos.

Épitaphe des Mobiles de la Sarthe dans l'église d'Épieds.

D. O. M.
DIEU & PATRIE
LES OFFICIERS DU 33ᵉ RÉGIMENT DE MOBILES (SARTHE)
A LEUR CHER CAMARADE
ALPHONSE DE LAMANDÉ, LIEUTENANT
A LEURS COMPAGNONS D'ARMES LES SOLDATS DU 33ᵉ
ET AUX SOLDATS DU 37ᵉ DE MARCHE
Tombés sur les champs de bataille le 9 novembre 1870
EN DÉFENDANT LE PAYS

Bourgoin, ⎫
Leclerc. ⎬ Ser-Maj.
Marçais, ⎭
David Lucien, Sergent
Aubry Samuel.
Arthur Frédéric.
Bretou Raymond.
Beard Laurent.
Belland.
Bedouet.
Blanchard.
Blot Louis
Bis Frédéric.
Bouttier Jacques.
Besnard Jean.
Briollière Philippe.
Chalopin Louis.
Crinière Adolphe.
Cochonneau Jules.
Courer Emile.
Drouard Frédéric.
Dufeu Henri.
Duluard Joseph.
Dubray Albert.
Florenceau Louis.
Froger Alfred.
Fresnau Auguste.
Gauquelin Frédéric.

Coutelle Louis. ⎫
Chedane Louis. ⎬ Caporaux
Esnault Emile. ⎭
Huger Prosper.
Moreau.
Gaulupeau.
Gautier Frédéric.
Gagneau Théodore.
Gousselin Alphonse.
Gasnier Charles.
Hersée Louis.
Hubert.
Héron.
Hulin Louis.
Hérisson Auguste.
Herrez Auguste.
Jean Etienne.
Janvier Louis.
Lannes Victor.
Lethielleux Louis.
Lelong.
Lauray Alphonse.
Laumônier Eugène.
Leprince Pierre.
Legeay Louis.
Lenoble Almire.
Leger Louis.

Alain Frédéric. ⎫
Bonnaire Prosper. ⎬ Cap.
Bourillon Alfred. ⎭
Malard Joseph.
Moreau Louis.
Monchâtre Auguste.
Massot Alexandre.
Milon René
Operon Edouard.
Olivier André.
Pechard Pierre.
Papin Arsène.
Pichard Louis.
Porché René.
Pringault Almire.
Pilatre Paul.
Pinçon Frédéric.
Prévost Ernest.
Riet.
Reveillé.
Roulier Adolphe.
Rondeau Mathurin.
Salmon.
Terneau.
Tonnelier.
Viau Philogène,
Vigroux Albert.

Corpora ipsorum in pace sepulta sunt
Et nomen eorum vivit in generationem et generationem. (Eccl.)
In memoriam fortitudinis
Amoris pignus
Ducis ILI DE LA TOUANNE *cura*
Commilitones posuere
Anno Di MDCCCLXXII

Épitaphe des Mobiles de la Sarthe dans l'église de Beaugency.

D. O. M.

DIEU & PATRIE

LES OFFICIERS DU 33ᵉ RÉGIMENT DE MOBILES (SARTHE)

A LA MÉMOIRE DE LEURS SOLDATS

TOMBÉS DANS LES COMBATS

AUTOUR DE BEAUGENCY, A MESSAS, JOSNES, VILLORCEAU ET LE MÉE

Les 7, 8, 9 et 10 *décembre* 1870

Gasnier Arsène, } Caporaux.
Lauger Prosper.
Abot Evariste.
Boulay Auguste.
Buon Pierre.
Bellanger Frédéric.
Bruon Louis.
Bellanger Alexandre.
Chevalier Joseph.
Chartrain Alexandre.
Cresnais Louis.
Cottar Jean.
Cormier
Daugeard Auguste.
Drouet Alexandre.
Dubois Henri.
Ferrand Joseph.
Fouquet Charles.
Foulon Pierre.

Rouillard Charles, } Caporaux
Reboursier Joseph,
Freulon André.
Gerault Marie.
Gohon Jean.
Gaudin Henri.
Hervé Adrien.
Hersée Auguste.
Leproust René.
Lepage Jean.
Lambroust Jean.
Leger Henri.
Meillant René.
Péan Eugène.
Poisson Louis.
Poirier Eugène.
Rouillard Auguste.
Salmon Louis.
Tison Louis.

Inclyti nostri super montes tuos interfecti sunt.
(Reg.)

Et factus est planctus magnus in omni loco eorum.
(Mach.)

III

Extraits de Journaux et comptes rendus de l'ouvrage

I

SEMAINE DU FIDÈLE DU 25 JANVIER 1874

Après l'histoire militaire du 33ᵉ Mobiles, écrite, on s'en souvient, par une plume désignée naturellement à cette tâche, voici qu'un des sympathiques aumôniers qui se dévouèrent à partager, pour les adoucir, les destins du régiment de la Sarthe, en découvre au public les côtés anecdotiques et pittoresques.

Heureuse jeunesse ! Louée par son vaillant colonel, célébrée par l'éloquent évêque de Poitiers, honorée par l'héroïque Charette, signalée à l'admiration du pays par un dictateur peu suspect de bienveillance à l'endroit des chefs qui l'ont conduite au feu, ce n'était pas assez qu'elle eût obtenu l'estime générale. Sa valeur lui avait mérité les plus précieux suffrages. Une nouvelle fortune l'attendait.

Ce qu'il y eut, à côté de son courage, d'entrain, de désintéressement, de joyeuse humeur, de résignation, d'aimable insouciance, de fraternité vraie, de sentiments élevés, voilà ce que va nous redire celui qui fut l'ami de tous les jours et de toutes les heures, le compagnon des souffrances, le témoin du sacrifice, le consolateur des derniers instants, le dépositaire des plus chers secrets, le confident des pensées les plus intimes, celui enfin qui, ayant pénétré le plus avant dans la vie de ces jeunes hommes — j'allais dire de ces enfants, — l'ayant lui-même vécue, était le mieux en état d'en rendre témoignage. On ne les admirera plus seulement sur le champ de bataille, on les aimera depuis que M. l'abbé Morancé nous les a montrés au bivouac, en marche, sous la tente, à l'ambulance.

La verve, l'émotion, l'*humour* débordent de ce livre. Je songeais, en le lisant, à ces toiles de dimension moyenne, où le pinceau de Protais, à force de naturel, d'esprit, d'*accent*, si j'ose ainsi dire, ne manque jamais le but qu'ont souvent poursuivi, sans l'atteindre, les grandes *machines* de MM. tels et tels — les noms sont sous ma plume — et dont l'effort prétentieux n'a plus d'une fois abouti qu'à une sensation de fatigue compliquée d'étonnement.

M. l'abbé Morancé intéresse. Ses récits sont de purs tableaux. Ses personnages vivent. Les portraits qu'il trace sont pris sur le vif; sans connaître les modèles, on est sûr de la ressemblance, parce qu'ils sont *nature*. Les mots qu'il rapporte ont été dits, cela est évident ; les histoires qu'il raconte sont arrivées, j'en suis certain. Qu'il ne soit ni assez riche ni assez généreux pour rien prêter à ses anciens frères d'armes, je n'oserais pas l'affirmer ; c'est encore, après tout, de la bonne camaraderie. A tout le moins, il n'est pas sans leur avoir fait crédit... ne fût-ce que de peccadilles sans importance. Écoutez plutôt : « Lorsque j'étais, avoue-t-il, quelque
« part, au milieu d'un bataillon, j'apercevais bien
« ce qui lui manquait pour être parfait ; absent, je
« ne me rappelais que les bonnes qualités dont
« j'avais eu tant de preuves. Et si quelqu'un avait
« voulu me faire voir une imperfection, je crois que
« je me serais fâché. »

Les souvenirs de M. l'abbé Morancé commencent avec la formation de l'armée de la Loire, et ils se continuent jusqu'au retour des Mobiles dans leurs foyers. C'est à Thuré, quelques jours avant la reddition des armes et des effets de campement qu'il reçoit d'une mère chrétienne d'Andouillé, au diocèse de Laval, les lignes suivantes où respire l'âme de celle des Machabées : « ... Je commence à croire

« que bien des épreuves me sont réservées.
« Puissé-je bien entrer dans les desseins de Dieu !...
« Mon frère, lieutenant d'artillerie, que vous avez
« vu malade chez moi, est mort ce matin. Le cer-
« cueil de mon fils vient d'arriver. Une même fosse
« les réunira demain. On la creuse en ce moment,
« profonde..., car j'ai l'espérance d'y descendre à
« mon tour... Mon fils, on vous l'a dit, Monsieur,
« était une plante délicate et choisie... Dieu l'a
« mise à l'abri des orages... Nous nous retrouverons
« là-haut ? » C'est peu de temps après son enrôlement, à Morée, dans le Vendômois où, par une singulière coïncidence, il se trouvait le jour de la fête de saint Romain, l'un des patrons de cette paroisse et neveu de l'apôtre du Maine, que la lecture du Bréviaire lui inspire ce qui suit : « Saint Romain,
« ces enfants que je suis venu conduire ici, qui
« succombent sous toutes les fatigues, dans cette
« lutte inégale et héroïque, appartiennent à la
« France sans doute ! mais ne sont-ils pas plus
« particulièrement les fils de ce diocèse du Mans qui
« vous invoque en ce jour ? — Dans ce même Morée
« où vous avez guéri les malades, retenu dans
« un corps fragile une âme impatiente d'en sortir,
« gardez-les, protégez-les, rendez les à leurs familles
« et à notre pays ! — Mais si l'un d'eux ne devait
« pas revenir, s'il faut qu'il meure ici, loin de
« ceux qui l'aiment, de cette mort qui brise le

« cœur des mères, que sa dernière heure soit envi-
« ronnée de toutes consolations ! »

Comment le cœur des mères n'aurait il pas compris le cœur d'un tel prêtre ? Ah ! certes, il était assez large pour confondre dans son évangélique charité *les blouses bleues* et *les blouses blanches*, selon le vœu de Monseigneur de Blois (1). On devine sans peine la confiance qu'il inspire à tous, depuis le *moblot* qui le choisit pour secrétaire et lui fait terminer une correspondance à sa payse par la promesse, — naïvement imprudente, — d'être « son petit mobile pour la vie », jusqu'à ce capitaine lui murmurant tout bas, en face d'une antique abbaye, la nuit qui précéda la retraite du Mans : « Si les
« moines de l'Épau avaient continué à chanter
« *Matines*, nous n'en serions peut-être pas où nous
« en sommes !... » Quel flot de regrets soulève dans
« l'esprit qui regarde en arrière cette réflexion faite en ce lieu et à cette heure ! Et comme le mot d'un simple caporal disant avec le meilleur sérieux du monde, que « la gloire est le pain du cœur », ramène douloureusement la pensée vers ces jours

---

(1) Par allusion au premier équipement qui avait donné aux mobiles de la Sarthe des blouses bleues et des blouses blanches à ceux de Loir-et-Cher, et comme ceux-ci n'avaient pas d'aumôniers, Mgr Pallu du Parc avait prié l'abbé Morancé, lors de son passage à Blois, de ne pas distinguer entre les unes et les autres.

détestés où les cœurs aussi bien que les corps manquèrent d'aliments. L'ascendant de M. l'abbé Morancé ne fut pas stérile ; la religion profita de l'influence acquise : « Un soir (la scène se passe dans « une hôtellerie de village, c'est lui qui parle), un « officier revenant d'un service accablant dans cette « boue fangeuse, laisse échapper un juron en « entrant. Je ne dis pas un mot, mais s'apercevant « qu'il m'avait contristé :

— « Messieurs, reprit-il sur-le-champ, il faut « avouer que je ne suis pas heureux dans mes « expressions ! C'est mal à nous de jurer ainsi, « devant M. l'Aumônier surtout. Eh bien ! il faut « que cela finisse. Tout officier qui jurera donnera « cinq francs d'amende pour les pauvres... » — Et comme chacun approuvait : — « Messieurs, dis-je, « cinq francs, c'est cinq fois trop, les appointe- « ments de plusieurs y passeraient, il ne resterait « rien pour la popote, mettons vingt sous et « tenons-y. » — Un franc, ce n'est pas assez... Le « prix, après débat, fut fixé à deux francs. Quelques jours plus tard, un capitaine m'aborde : « Mon « aumônier, dit-il, voici trois francs, j'ai juré une « fois et demie. » Il y avait progrès.

Le respect humain était inconnu au 33e, et c'était à qui, parmi les officiers, répondrait la messe de l'aumônier. Un capitaine dont le tour ne venait pas s'en plaint à un camarade, et comme celui-ci objectait l'ignorance où il était probablement de remplir ces fonctions, il riposte avec un dépit comique « qu'il saura toujours bien tenir les petites bouteilles. »

Le volume du brave aumônier est le reflet exact de l'existence agitée dont il a, sans faiblir, accepté les vicissitudes inégalement mélangées de sourires et de larmes. La note gaie n'y domine pas ; elle s'y rencontre néanmoins, éclatant au détour d'un feuillet de deuil pour y jeter une lueur fugitive, comme les rayons du soleil d'hiver sur le fond d'un paysage sombre. Aux épisodes d'une ineffable tristesse de Guillonville et de Baccon, dont la *Semaine du Fidèle* a partagé la primeur avec la *Voix de Notre-Dame de Chartres*, succède, par exemple, le crayon finement taillé et spirituel au possible d'une chambrée — subie plutôt qu'accueillie — dans une demeure (anonyme?) de Saint-Péravy. De ces oppositions fortuites ou voulues résulte un charme grâce auquel on ne peut fermer le livre qu'il ne soit fini. Nos lecteurs en jugeront s'ils veulent bien rapprocher du tableau navrant de réalisme l'amusante anecdote par laquelle nous terminons cette courte analyse.

Voici le tableau : « Noël vint comme d'habitude, « mais, pour nous, dans des circonstances bien « dures, et ceux qui en ont été témoins, n'oublie- « ront jamais cette messe en plein vent, sous qua-

« torze degrés de froid, dans la section du chemin
« des Bœufs qui relie ensemble les routes de Pari-
« gné et de Ruaudin.

« Une famille de Pontlieue, qui nous a tiré d'em-
« barras plus d'une fois, envoie le charpentier avec
« des planches, dresser l'autel dans une éclaircie de
« sapinière, sur la bruyère couverte de neige. Le
« fils jeune, tandis que son frère aîné, notre capi-
« taine, est retenu blessé sur son lit, et que le
« second occupe une place d'honneur au siége de
« Paris, le fils jeune, dis-je, laisse un instant les
« chers malades qui remplissent sa maison et
« brave le froid pour m'assister à l'autel. Je ne sais
« quelles pensées roulaient dans son cœur ce jour-
« là ; mais je crois qu'il avait déjà entendu l'appel
« d'en haut, reçu le don de Dieu par excellence.
« Depuis, il a sacrifié toutes les espérances terres-
« tres, et ceux qui connaissent les tendresses dont
« il s'est séparé, comprendront la puissance du
« sacrifice.

« A un feu de bivouac, à droite de l'autel, un
« soldat chauffait des linges dont j'entourais le
« calice, mes doigts étaient tellement engourdis par
« le froid que M. Ernest V... tournait lui-même
« les feuillets du missel. Encore était-il obligé de
« tenir le pied du calice afin de le protéger contre
« le vent, lorsque je me retournais pour le *Domi-*
« *nus vobiscum.*

« La plupart de MM. les officiers des 2e et 3e
« bataillons, debout et le dos appuyé contre les
« sapins, entendirent cette messe. Dans ces lieux, à
« pareil jour, après tant de vicissitudes, elle avait
« un sens profond, et la grandeur de l'acte était
« comprise. »

Écoutez maintenant le plaisant récit. L'aumônier du 33e vient de rendre les derniers devoirs à un de ses soldats, et, avant de retourner au campement, il entre dans un des postes, où il devise avec le sergent des choses du pays, « lorsque arrive une grande
« jeune fille, au maintien équivoque, qu'un exami-
« nateur plus expérimenté eût facilement prise
« pour une aspirante cantinière.

« Elle avait en effet à la main une bouteille dont
« la couleur trahissait le contenu et se disposait à
« en offrir autour d'elle. Mais nos mobiles ne s'ap-
« prochaient point. Me regardant d'un air assez
« piteux, ils ne répondaient pas du tout à ses
« avances.

« Elle avait bien jeté de mon côté un œil inquiet;
« mais ma barbe déjà longue et mon manteau de
« caoutchouc me faisaient facilement prendre pour
« un officier.

« Et l'embarras des hommes allait croissant.

« Afin de sortir de cette position avec honneur,
« je me levai, et prenant les plus gros yeux :
« Mademoiselle, lui dis-je, vous vous êtes trompée

« d'adresse. Les mobiles du 33ᵉ sont des garçons
« fort bien élevés. Je crois que vous perdez votre
« temps.

« Un petit caporal, de la mine la plus avenante
« et affectant un air sérieux qui donnait une envie
« terrible de rire, s'avance : « Mais, mon aumônier,
« si on la faisait reconduire à son père?... — Et
« les mobiles ajoutaient : Certainement, c'est pas
« nous qui *l'attire*... — Vous la connaissez donc?
« — Mais oui, c'est la fille du sacristain de X***. —
« Du sacristain! mais c'est très-grave, cela, Made-
« moiselle. Vous devriez donner le bon exemple à
« la paroisse. Sergent, renvoyez donc Mademoiselle
« par le caporal et quatre hommes chez son père ;
« qu'on dise à celui-ci de lui donner le fouet et
« qu'elle ne revienne plus.

« Aussitôt fait que dit. Quatre hommes mettent
« rapidement sac au dos, baïonnette au bout du
« fusil et « en avant! »

« Arrivés au bout de la cour qui donne sur le
« village, le petit caporal, résolu comme un trou-
« pier, crie « halte » et revient à moi.

« Une main à son képi et de l'autre frisant sa
« petite moustache noire du même âge que ses
« galons : — « Mon aumônier, permission s'il vous
« plaît de donner le fouet nous-mêmes?

« Cela, mon caporal, c'est au-dessus de mon pou-
« voir, c'est une fonction essentiellement paternelle.

« Cette histoire eut bientôt fait le tour du pays.

« Le curé de la paroisse m'assura que je lui
« avais rendu un vrai service en faisant donner en
« passant une leçon bien méritée.

« On la raconta à la brigade et un officier d'état-
« major, que je rencontrai peu de temps après, me
« dit : « On se demande, Monsieur l'aumônier, si
« vous affirmeriez bien que le châtiment n'a pas
« été infligé par vos hommes?

— « Mon lieutenant, assurez bien le général
« qu'au 33ᵉ on ne connaît que la consigne. »

Émile GUILLER.

II

LA SARTHE, Nᵒˢ DES 23 ET 26 JANVIER 1874.

I

On aime à oublier de temps en temps les hasards et les tumultes de la politique présente pour remonter dans le passé; on aime à assister de nouveau, par la pensée et par le souvenir, aux scènes qui, naguère, furent si terribles et si poignantes; c'est le sentiment que Virgile rend si bien, lorsqu'il fait dire par le héros du poëme à ses compagnons découragés : *Olim meminisse juvabit.* Tous ces combats qui furent si meurtriers, ces marches si fatigantes, ces sacrifices de tous genres si pénibles et si difficiles en leur temps, on les revoit maintenant avec une sorte de satisfaction intérieure ; c'est comme un grave et austère devoir que l'on est heureux d'avoir accompli, et, malgré la vanité des efforts, malgré l'inutilité des obscurs dévouements, il semble qu'il en reste au front du pays lui-même comme une auréole consolatrice et une espérance de relèvement.

Tels sont les sentiments que fait naître en nous la lecture de ces livres si différents de ton et d'intention, mais tous inspirés par le même patriotisme, que tant d'écrivains divers ont déjà consacrés et consacrent encore chaque jour à l'histoire de notre guerre de France.

Entre ces livres, nous avons une prédilection particulière pour ceux qui, traitant un sujet restreint, nous retracent dans les plus intimes détails quelque coin presque ignoré du triste drame.

S'ils n'ont pas de prétentions à la grande composition historique, s'ils ne recherchent ni les ornements littéraires, ni les grâces du style, ils nous charment par d'autres qualités que nous tenons en plus haute estime et dont le mérite est certainement plus relevé.

Ils sont vrais, ils sont sincères, on voit chez eux, on sent à chaque page ce que Pascal et Montaigne demandaient avec tant d'insistance : l'homme et non pas l'écrivain.

Nous sommes sûr au moins que celui qui signe de son nom des pages vives et vraiment émues raconte ce qu'il a vu, et que son imagination ne travaille pas pour ajouter un intérêt factice à la narration des faits dont il a été le témoin; nous savons qu'il a joué son rôle, qu'il a eu sa part dans les événements auxquels il nous fait assister, qu'il a souffert, qu'il a combattu, et par conséquent qu'il n'invente ni n'embellit rien.

Le régiment de la Sarthe, heureux entre tous, avait eu déjà dans la personne de son brave colonel, un de ces historiographes toujours sincères et véridiques qui écrivent comme ils agissent; M. de la Touanne avait élevé à l'honneur de ses compagnons d'armes un monument modeste, mais destiné à vivre aussi longtemps que le souvenir de nos communes épreuves.

Son livre était celui d'un militaire, d'un chef de corps, qui tient à marquer avec une scrupuleuse exactitude le rôle des hommes qu'il a dirigés avec tant d'énergie et de dévouement.

Il ne pouvait descendre aux mille détails de la vie journalière. S'arrêter aux incidents qui s'élèvent et disparaissent, aux anecdotes qui fourmillent dans le mouvement incessant de la vie de campagne, c'eût été perdre de vue l'objet principal ; l'auteur s'est donc interdit avec grande raison cette source de développements qui eût entravé la marche de son récit et rendu impossible l'exécution de son plan.

Mais voici un autre narrateur, dont le caractère n'est plus le même. Celui-là n'a rien commandé, il était partout, — partout où son cœur l'appelait, partout où il y avait une souffrance à soulager, une blessure à guérir, un désespoir à consoler.

Prêtre, il a demandé à partager avec nous les fatigues et les dangers ; toujours le premier au feu, il s'en allait calme et résigné, tranquille au milieu des balles et des obus, prêt à distribuer aux mourants les paroles de vie ; et le soir, quand le combat était fini, il parcourait le champ de bataille, cherchant les blessés, les ramenant lui-même aux ambulances, suppléant dans la mesure de ses forces à l'insuffisance des services médicaux, que nous avons tous déplorée si souvent pendant la guerre.

Dans l'exercice de ce ministère de paix et de charité, il a été exposé à bien des périls, il a ressenti bien des douleurs : il a pu assister, lui plus que tous les autres, à de navrants spectacles. Mais en revanche, il a été le témoin de bien des actions généreuses, de bien des sacrifices héroïques, car il était le confident de tous ceux qui abandonnaient la vie, et, s'il contribuait par l'onction de sa parole à rassurer leurs derniers moments, plus d'une fois aussi il a rapporté de ces entretiens suprêmes de nobles et de sublimes consolations.

C'est ce qu'il exprime avec autant de bonheur que de justesse, lorsque, dès le début de sa préface, qui est plutôt une dédicace adressée à ses anciens et chers compagnons, il écrit :

La pensée ne pouvait me venir de raconter notre campagne. Une plume qui a tout ce qu'il faut pour cela, nous l'a donnée, avec un vrai succès et à votre satisfaction.

Je n'ai donc à ajouter au récit de notre cher colonel qu'un chapitre, celui des sacrifices acceptés, consentis, chapitre qui a bien aussi sa gloire, car la gloire ne consiste pas seulement dans le succès ; chapitre d'expiation et d'espérance : car si tant de familles portent un deuil dont elles ne veulent pas se relever et versent des larmes dont la source ne tarira plus, nous savons que le sang versé pour la patrie efface bien des souillures, répare bien des offenses.

On le voit, le modeste chroniqueur marque tout de suite la place qu'il lui convient d'occuper, et hâtons-nous de dire qu'il reste partout fidèle à la ligne de conduite qu'il a adoptée.

En un pareil sujet, l'ordre chronologique est toujours le meilleur : mais, lorsqu'on revoit par la pensée le cours des événements accomplis, on y distingue facilement des périodes diverses, et on en profite pour ménager au lecteur quelques repos nécessaires. Ces divisions ont été faites avec une intelligence fort judicieuse, et elles rendent la lecture de l'ouvrage plus facile et plus attrayante.

Pour donner une idée plus complète du procédé de l'écrivain, nous ne chercherons pas à analyser sa manière, nous croyons qu'il y a mieux à faire, c'est de fournir des citations.

Voici, par exemple, un épisode que nous détachons du premier chapitre, lequel a pour titre : *De Blois à Marchenoir par Vendôme* :

Au haut de la côte, en avant du village de Coulommiers, un officier me prit à part, et, me désignant du doigt un homme, me dit :

« Méfiez-vous de ce mobile, Monsieur l'aumônier, je
« lui ai entendu dire tantôt que la première balle de son
« fusil serait pour un prêtre.

— « Laissez-moi faire, mon lieutenant, n'en dites rien
« à personne. Le colonel gronderait certainement, puni-
« rait peut-être. Ce soldat s'aigrirait davantage, et ceux
« qui pensent comme lui, car il n'est pas seul sans doute,
« ne manqueraient pas de prendre parti contre moi.
« Merci, on va voir. »

Avant de m'éloigner, je le regardai attentivement. A vrai dire, si je ne lui avais pas encore inspiré confiance, il n'avait pas une figure qui prévînt en sa faveur.

Mais était-il si coupable, ce jeune homme ?

Depuis des mois, des hommes qui n'aimaient pas la patrie avaient semé les plus odieux mensonges.

Jusqu'au fond des campagnes, on était venu dire aux petits et aux simples que c'étaient leurs curés et les familles les plus honorables qui faisaient faire la guerre et envoyaient de l'argent aux ennemis de la France. Beaucoup n'en croyaient rien sans doute, mais on se désaffectionnait, et l'armée n'était pas épargnée par ces semeurs d'ivraie qui voulaient élever un mur de haine entre le prêtre et le soldat si bien faits pour se comprendre.

Mais au camp, on eut bientôt fait justice de ces entreprises coupables. Sous la tente comme au feu, le soldat vit bien vite où étaient ses amis. Il n'en a pas de meilleurs que ceux qui partagent et lui font bénir sa destinée.

A la grande halte je retrouvai mon jeune mobile seul, sur des feuilles mortes, essuyant soigneusement son chassepot. J'allai m'asseoir auprès de lui, et, frappant légèrement sur son épaule, je lui demandai à examiner son fusil.

« Mon ami, lui dis-je, je vous fais mon compliment,
« cette arme vous fait honneur ; mais vous avez dit ce
« matin une mauvaise parole. Vous voudriez que sa pre-
« mière balle fût pour un prêtre. Vous ne pensez pas
« cela. Il est trop tôt, vous seriez repris, on vous fusille-
« rait peut-être à votre tour et ce serait grand dommage,
« un brave garçon comme vous. Si pourtant vous y tenez,
« voici le conseil que je vous donne, dans votre intérêt.
« Au premier jour de bataille, je serai à votre tête, en
« face de l'ennemi. Eh bien ! vous viserez sur moi, per-

« sonne n'en saura rien. Prévenu, j'aurai fait un acte de
« contrition avant de m'y rendre. Et quand plus tard
« vous serez vieux, mon ami, ce sera une consolation
« pour vous de savoir que le prêtre que vous avez tué
« aura pardonné avant de mourir. »

Je l'embrassai et m'éloignai rapidement.

Il ne pleurait pas, il sanglotait.

Je fus un mois sans le revoir.

Lorsque je le rencontrai, c'était le 9 novembre. Le 3e bataillon allait en tirailleurs en avant de Cheminiers. La position n'était précisément pas sans danger. Je l'aperçois près de moi, et mon premier mouvement fut désagréable. Je lui demandai d'une voix que je m'efforçai de rendre calme :

« Que faites-vous ici ?

— « Ce que je fais, mon aumônier, vous devriez bien
« le voir, je me place entre les balles prussiennes et vous.
« Vous n'avez pas mangé depuis ce matin.

— « Comment le savez-vous ?

— « Oh ! tout ce que vous faites, je le sais, j'ai cha-
« pardé des pommes de terre, elles sont cuites, mangez-
« en. »

Je pris deux pommes de terre et lui serrai la main sans répondre. Une larme brillait dans ses yeux.

Nous fûmes peu après séparés, il suivit sa compagnie et je le perdis de vue.

Le soir, dans un cellier, sur de la paille, je le retrouvai horriblement blessé, la bouche convulsionnée, serrée, dévoré par une fièvre ardente. Je m'agenouillai près de lui, l'administrai, et lui prenant la main :

« Mon ami, reconnaissez-moi, je vous en prie ; c'est
« moi, vous savez, votre vieil ami, ouvrez donc les yeux,
« serrez-moi la main... »

Il souleva légèrement ses paupières, me reconnut, serra et retint ma main. J'essuyai une larme qui coulait sur ses joues et je ne l'aurais certainement pas quitté, mais on vint me prévenir que près de là un mobile nommé Gaulupeau, de la 2e compagnie du 2e bataillon se mourait.

Il avait la base inférieure du crâne brisée, j'essayai de lui donner tous mes soins ; mais lorsque je revins à mon pauvre cher ami, ses souffrances étaient finies. Son âme était rendue dans l'éternelle paix du Seigneur.

II

Le récit que nous avons emprunté à l'ouvrage de M. l'abbé Morancé et qui terminait notre premier article, laisse une impression grande et profonde dans l'âme du lecteur ; sous sa forme si dramatique et si simple à la fois, il contient un grave enseignement.

Partout l'écrivain s'efforce de placer ainsi la leçon morale à côté des récits qu'il déroule devant nos yeux. Elle en sort d'ailleurs comme d'elle-même et cette citation de l'Écriture ou des Pères, qui vient à la fin en manière de conclusion, entre si bien dans la trame du style, qu'elle semble faire corps avec elle et ne songe pas à la séparer du fond.

Le livre est alerte et plein de mouvement; il marche, avance, il vous entraîne et ne vous laisse pas respirer. On voit qu'il est composé avec cette franchise qui ne calcule pas et qui va droit au but. Il est d'une variété étonnante, non pas cherchée, mais toute naturelle, parce qu'il suit les événements mêmes et que la variété est partout dans la vie, et particulièrement dans la vie de campagne.

Aujourd'hui, les dangers à courir, les marches qui épuisent, la tristesse des revers immérités; demain, le repos dont on se hâte de jouir, gaiement entre deux batailles; ici la mort que l'on voit face à face; plus loin quelque aventure plaisante, quelque scène burlesque, dont on rit avec d'autant plus d'abandon que l'on est moins sûr du lendemain.

Tout cela, nous le retrouvons dans l'œuvre du digne aumônier, noté avec l'exactitude d'un témoin attentif et l'esprit d'un conteur fort ingénieux sous son apparente bonhomie.

Pour donner une idée de cette veine charmante et plaisante, sans aucune âcreté, toujours tempérée par la charité chrétienne qui en fait le fond, il faudrait reproduire en entier la conversation du mobile qui veut écrire à sa payse, l'histoire de la fille du sacristain de X..., etc.; mais nous nous contenterons d'un exemple, qui est fort piquant.

Nous sommes au 3 décembre, au lendemain de la sanglante bataille de Loigny, à la veille de la reprise d'Orléans par les Prussiens. Après une journée de marche à travers les guérets durcis de la Beauce, le régiment arrive à la chute du jour au village de Saint-Péravy. Mais effaçons-nous et laissons la parole à l'excellent conteur :

Les premier et troisième bataillons furent à peu près cantonnés : quant au second, à part une compagnie qui se logea en entier dans une ferme et dans un immense colombier, il demeura toute la nuit en grand'garde et sans paille.

Commandant de Musset, capitaine adjudant-major Simonard, docteur, lieutenant R. de Nicolaï, plusieurs autres officiers et moi, retenus au-devant du village et attardés, ne trouvons plus où nous loger. Nous allons frapper à la porte d'une maison d'assez belle apparence, et c'est le maître de céans, vieillard fort respectable, qui vient lui-même ouvrir.

En sa qualité de chef et d'aîné, le commandant prend la parole et demande une petite place pour la nuit.

— « Messieurs, c'est impossible, ma maison est déjà
« pleine comme un œuf.

— « Mais c'est la même chose partout, Monsieur, nous
« coucherons ici dans le corridor, s'il le faut ; permettez
« seulement que nous fassions la soupe, car nous n'avons
« rien pris depuis ce matin... »

La maison avait cet air de propreté qui est un signe d'aisance et donne envie d'entrer. Par la porte de la cuisine entr'ouverte à droite, nous arrivaient la clarté et la chaleur du feu.

Commandant, tout en argumentant, tenait les deux mains du digne homme et le poussait doucement à reculons, jusqu'à la cuisine. Nous suivions, goûtant fort cette façon d'emporter la place, et dissimulant mal notre contentement. L'hôte nous regardait d'un air assez peu joyeux ; mais la respectable demoiselle, sœur et gouvernante, d'une soixantaine d'années au moins, qui, à l'habitude d'obéir doit joindre celle de commander aussi un peu, essuyant du coin de son tablier une larme que font couler les malheurs de la guerre, lui démontre avec un geste qui ne manquait pas d'énergie qu'il eût bien mieux fait de rester assis auprès du feu que de se mêler ainsi d'aller ouvrir la porte.

Les ordonnances sortent de leurs musettes, sur la table, un chou, de magnifiques carottes, du lard, du beurre dans un papier, du riz dans un mouchoir, un cornet de sel et de poivre ; et pendant qu'ils vont puiser de l'eau, commandant, calme et équitable toujours, distribue à chacun sa part de besogne et se met en mesure de couper le lard.

Au lieutenant R. de N. d'apprêter les carottes. Son instruction est complète en tout ; mais n'ayant jamais eu l'occasion de lire dans un livre la manière de préparer ces plantes potagères, il pelait ce légume comme il eût fait d'une pomme, en enlevant une large peau.

J'étais assis, taillant la soupe.

Notre hôte qui suivait tous nos mouvements, s'aperçoit de l'inexpérience de ces Messieurs pour la cuisine, et me dit, en désignant le lieutenant du doigt : — « Que faisait ce jeune homme avant la guerre ? »

Pendant que je cherche une réponse pleinement satisfaisante, l'ordonnance reprend vivement :

— « Ça sait se battre !...

— « Oui, mais avant la guerre ?

— « Eh bien, ça bricolait... »

Désignant à son tour le marquis de Musset.

« Et celui-ci que faisait-il aussi ?

— « Ça bricolait encore...

— « On voit bien cela. Ah ! qu'il en a passé comme « cela, qui ne savent même pas faire la soupe et aux- « quels la guerre a rendu bien service cet hiver !... »

Tout allait donc pour le mieux dans notre intérieur, et l'on s'accoutumait, lorsque l'ordonnance arrive, apportant une brassée de voliges pour ranimer le feu : « Où êtes- « vous allé chercher cela, malheureux ? cela ne m'appar- « tient pas ; c'est de la maison, c'est le reposoir de la « *fabrique*, et c'est porté sur l'inventaire !... »

— « Ne vois-tu pas bien, mon frère, dit aussitôt la res- « pectable, qu'il faut que tout y passe !...

« Auparavant c'étaient les Prussiens, maintenant les « Français vont prendre le reste !... Et après !... »

La soupe cuite à point répand sa bonne odeur dans la cuisine, et commandant va la tremper.

— « Ma bonne mère, dit-il, je vous prie bien de nous « prêter une soupière.

— « Je n'en ai pas.

— « Une casserole.

— « Pas davantage.

— « Mais en voici une accrochée au dressoir...

— « Je crois bien, une casserole que je viens de faire « étamer depuis le départ des Prussiens. »

— « Allons, ma bonne mère...

— « D'abord, Monsieur, apprenez que je ne suis ni « femme, ni mère de personne...

— « Eh bien ! ma belle enfant, parbleu !... »

Pendant ce temps l'ordonnance grimpe sur le fourneau et décroche la casserole, ce fut à peine le temps de le dire, Commandant trempe la soupe, et le repas du soir, où ne manquaient ni l'appétit vengeur et accommodant, ni les joyeux propos, fut trouvé délicieux.

Là comme à Saint-Sigismond, nos officiers en s'unissant, en assurant le bonheur de tous par le généreux concours de chacun, parviennent à se donner une heure de bonne vie, etc.

En reproduisant les deux récits que l'on vient de lire, nous avons cherché simplement à donner une idée de la manière de l'auteur. Pour être complet, nous devrions multiplier les citations, analyser tant de narrations vives, pleines d'intérêt et d'émotion, où brillent tour à tour les paroles touchantes et les mots spirituels. Il faudrait retracer ici tout au long ces admirables scènes de dévouement et de sacrifice dont le village de Guillonville fut le théâtre après les affaires du 1er et du 2 décembre ; — rappeler l'attitude héroïque et dignement résignée que montra l'aumônier du 33e, lorsqu'il tomba un instant aux mains des Prussiens. Il conviendrait de le suivre pas à pas dans les pérégrinations sans fin, qu'il supportait avec tant de vaillance et de bonne humeur, vivant de la vie du soldat, couchant près de lui sur la dure, et trouvant encore dans les trésors de sa patience le temps et les moyens de consoler les autres, de rassurer ceux qui doutaient, de rendre aux désespérés le courage sinon la confiance.

Pour lui, dès le premier jour, il avait fait le sacrifice de sa vie, et on voyait bien, à son calme parfait, à sa tranquillité dans le péril, que son espoir était ailleurs. Faire son devoir jusqu'au bout, soutenir les défaillants, soulager les blessés, réconcilier les mourants avec Dieu, telle était la sublime tâche qu'il s'était imposée, et nous avons le droit de dire qu'il l'a noblement accomplie.

La mort n'a pas voulu de lui, heureusement (elle oublie ainsi parfois ceux qui ne la redoutent point); et, après avoir fait tout pour ses compagnons d'armes, après avoir apaisé tant de douleurs et ranimé tant d'espérances, il est resté pour nous redire, d'une voix émue, cette histoire de chaque jour que nous avons vécue avec lui, pendant les six mois de la fatale guerre.

Au nom de ceux qu'il a guidés alors par sa parole et par son exemple, auxquels il a tracé le chemin avec une si admirable et si généreuse abnégation, nous le remercions ici de l'hommage délicat qu'il a placé en tête de son ouvrage et surtout de l'ouvrage lui-même.

Il a suivi l'exemple du Maitre, il a « passé en faisant le bien, » et son souvenir vivra dans les cœurs de ceux qui l'ont vu à l'œuvre, qui ont pu apprécier l'élévation de ses pensées et la grandeur de son âme.

Tous, ils liront ce livre si émouvant et d'une inspiration si sympathique; ce sera pour eux une nouvelle dette de reconnaissance qu'ils auront contractée envers l'auteur. Mais ils n'en sont pas à compter avec lui; car ils savent que la charité est indulgente et que le cœur ne calcule point.

D. Mallet.

III

union de la sarthe, 26 février 1874.

Notes et Souvenirs, tel est le modeste titre que M. l'abbé Morancé donne à son livre. Ce livre, il le déclare lui-même, n'est point un ouvrage étudié, une œuvre préconçue; c'est un simple récit de campagne.

Le digne aumônier du 33ᵉ mobiles a vu les faits

qu'il raconte et il les raconte, comme il les a vus, avec tristesse. Ces faits sanglants lui ont souvent brisé le cœur et arraché de cuisantes larmes ; le récit qu'il en retrace émeut de même et fait pleurer.

N'attendez de moi, dit-il, ni rhétorique, ni style étudié. La rhétorique, l'étude, refroidiraient ces pages chaudes, écrites, on le sent, par un homme ayant un cœur qui bat à la racine d'un bras qui agit et non pas par un avocat. Ah! les avocats, ils ne manquaient pas à l'œuvre sans péril de l'alignement des phrases, alors que nos pauvres enfants de la Sarthe alignaient sous le feu des balles prussiennes leurs jeunes poitrines, dans les rangs de l'armée de la Loire. Il y en avait assez de ces rhéteurs rhétorisant à l'abri, tandis que le brave aumônier exposait sa vie sur les champs de bataille, pour soulager, consoler, bénir tant de chères existences fauchées dans leur première fleur.

A quelque page qu'on ouvre le livre de M. l'abbé Morancé, le récit attache, passionne, attendrit. C'est l'épisode du pauvre mobile de Cheminiers, le combat de Coulmiers, les boues meurtrières de la Beauce, la messe célébrée dans la plaine de Saint-Sigismond et plus tard dans le chemin aux bœufs ; c'est la bataille du Mans et de Saint-Jean-sur-Erve et enfin à Laval le drame lugubre de l'expiation ; ce sont encore ces souffrances si patiemment endurées, ces sacrifices si noblement acceptés par tous ; ces morts résignées, ces recommandations suprêmes, ces testaments en deux mots, dont l'aumônier devient à la fois le dépositaire navré et l'exécuteur. Que de scènes touchantes exposées d'une façon plus touchante encore !

L'auteur ne tend jamais au pathétique, mais il y atteint toujours par la puissance du simple. La simplicité, voilà le grand mérite de son livre et ce qui lui assurera peut-être plus de lecteurs qu'à aucun autre des remarquables ouvrages déjà écrits sur le même sujet. Car si ceux-là ont leur rang marqué dans les bibliothèques, la place de celui-ci est partout dans les familles de nos jeunes mobiles, où ces récits de campagne lus à la veillée nourriront dans les âmes les sentiments si intimement liés du patriotisme et de la foi.

Nous croyons donc obliger nos lecteurs en leur signalant la mise en vente du livre de M. l'abbé Morancé, et en leur en recommandant particulièrement l'acquisition.

IV

Union de Paris, 3 mars 1874

Ce volume vient tard.

Tous ceux qui l'ont lu, et le nombre est grand, car il est rare qu'un succès se soit plus promptement dessiné, sont unanimes à regretter que l'auteur l'ait si longtemps fait attendre. Encore a-t-il, en le publiant, dû céder à des instances affectueuses et réitérées. Si j'avais autorité pour parler au nom du public, ma première pensée, en annonçant dans l'*Union* l'ouvrage de M. l'abbé Morancé, se traduirait en une parole de gratitude. Elle irait droit à l'adresse des privilégiés qui, par le plaisir éprouvé aux impressions recueillies de la bouche même d'un conteur aimable, ont deviné que, sous sa plume alerte et vive, elles ne perdraient rien — ou peu de chose — du charme dont les revêtait sa parole.

Ils ont eu raison. Il serait regrettable que tant d'aventures plaisantes, tant de douloureux épisodes, tel mot si bien venu, des traits si fins, des sentiments si nobles ne fussent pas assurés de survivre à qui en fut le héros, l'interprète, le confident ou le témoin. Cela n'est plus à craindre. Les voilà désormais fixés avec une puissance de naturel difficile à surpasser et même à atteindre. Ils se répandront avec le livre. Les journaux vont les reproduire ; ils se sont mis déjà à exploiter la mine, d'aucuns sans la nommer par exemple. Le procédé, pour n'être pas des plus délicats, porte son enseignement. On n'emprunte qu'aux riches, et cet indice tout seul est une recommandation suffisante.

Si le sympathique écrivain a vidé jusqu'au fond son sac d'aumônier, je l'ignore. Si non, je le regrette, et j'oserais le supplier de grossir la seconde édition (qui ne peut tarder à voir le jour) de tout ce qu'une modestie, peut-être excessive et l'incertitude du sort que les graves préoccupations de l'heure actuelle — *habent sua fata libelli* — réservaient à son volume, l'auraient engagé à garder pour lui.

Ce n'est pas, à proprement parler, une histoire du 33ᵉ mobiles qu'entreprend M. l'abbé Morancé. Ce serait plutôt, à cela près que la photographie n'embellit guère, une photographie prise sous les aspects infiniment variés où il lui fut donné d'apercevoir ses chers compagnons d'armes. Il les suivit d'étape en étape, de fatigue en fatigue, de danger en danger, de souffrance en souffrance, partout et jusqu'à la fin. Nul ne les connut mieux ni ne les aima davantage. « La Foi, dit-il excellemment, « nourrit le dévouement, la patience, le courage. »

Le fanion des Manceaux abrita ces vertus, puisées ou du moins rafraîchies à la source que leur aumônier nous révèle. Ce qu'il dit du brave colonel de la Touanne doit s'appliquer à lui-même : *Il sut les prendre*. Écoutons le s'exprimer :

« Le long du chemin, en marchant, sans circonlocu-
« tions ni détours, plusieurs se préparèrent. — Il m'est
« arrivé de frapper sur l'épaule d'un officier et de lui
« dire : — « Mon ami, où en sommes-nous avec le Père
« Éternel ! Avons-nous pour saint Pierre le mot de rallie-
« ment ! » — « Mon aumônier, en ce moment, c'est
« assez difficile... — Allons donc !... » Et c'était bientôt
« fait. Quelquefois, content du devoir accompli, celui-ci
« me désignant du doigt un camarade, ajoutait : « —
« Mon aumônier, voyez donc un tel, c'est le meilleur
« enfant de la vie, ce serait grand dommage qu'il fût tué
« sans cela. »

Il y a quelques semaines, une voix éloquente proclamait, aux applaudissements des mandataires du pays, que le catholicisme est la meilleure école du respect, cela est très-juste. Respect des autres et respect de soi-même : voilà ce que prêche la religion du Christ Et elle est d'autant plus sûre d'être entendue que l'exemple de ses ministres corrobore avec plus de persuasion l'autorité de sa doctrine. La dernière campagne a permis de constater l'attitude digne et patriotique du clergé de France en face d'un vainqueur arrogant. C'est, pour toute âme fière, un soulagement réel de pouvoir opposer cette conduite à l'humiliation dont ne rougissent pas, en maint endroit, d'aggraver par leur bassesse et leur couardise le poids si lourd de nos tristesses quelques-uns de ceux-là qui, des postes *peu avancés* où ils s'étaient prudemment établis, avaient crié le plus haut en faveur d'une résistance obstinée. Quel contraste entre cet effacement sans pudeur et le maintien courageux des prêtres catholiques, au milieu des circonstances les plus critiques, alors même qu'il y va de la vie ! Je passe de nouveau la plume à M. l'abbé Morancé.

« Je revins vers Guillonville ; j'en étais assez loin, au
« nord-est, lorsque j'entendis siffler deux balles. — Cette
« fois, c'était bien à mon adresse. — Dans cette portion
« de la plaine, dont mes yeux se fatiguaient à sonder
« l'étendue, j'étais bien seul, debout au milieu de quel-
« ques estropiés sans armes, se rendant à l'ambulance.
« — Je me retourne vivement. — A une faible distance,
« j'aperçois un officier prussien et une demi-compagnie.
« Fuir était insensé, je croise mes bras sur la poitrine,
« rapprochant mon crucifix d'argent. — L'officier fit
« signe à un de ses hommes de baisser le canon de son
« fusil. — Ils furent bientôt près de nous. — Ils n'avaient
« pas eu le temps de proférer une parole : « Vous con-
« naissez ma langue, sans doute, Monsieur, dis-je à cet
« officier, et vous me comprenez. Ne voyez-vous pas, à la
« forme de mes vêtements, que je ne suis point un com-

« battant ? Vous commettez un acte de lâcheté en tirant
« sur le panseur des blessures morales et physiques. Si
« vous voulez ma vie, vous pouvez bien la prendre ; c'est
« facile, et vous n'aurez pas grand mérite. — « Non,
« pasteur catholique, non, ami. » — Il me tendit la
« main. — « Je vous crois bien élevé, Monsieur. Si nous
« pouvions nous rencontrer ailleurs que dans mon pays
« envahi, je ne vous refuserais pas ; mais ici, je ne puis
« donner à ces enfants qui souffrent le spectacle d'un
« serrement de main avec les auteurs de leurs blessures. »

Encore une fois, ceci console de bien des turpitudes.

Aussi comme les Sarthois étaient fiers de leur aumônier ! Et qu'il le leur rendait bien !

Dites si la page que nous allons lire ne palpite pas d'un orgueil contenu, qui trahit je ne sais quoi de paternel ;

« On ne loue pas un homme de bien de faire son
« devoir ; mais on a tant fait remarquer les imperfections
« de ces jeunes troupes, qu'il n'est pas inutile de mon-
« trer leur générosité. Beaucoup de ces mobiles étaient de
« la ville même du Mans. Des parents dont la tendresse
« l'emportait sur le patriotisme, des épouses et des mères
« dont le cœur ne raisonne pas, ont essayé de les retenir.
« C'était bien facile de s'attarder un instant et de chan-
« ger de vêtements. Ils ont rejoint pourtant, mais le front
« plissé, l'âme brisée surtout. Car c'est dur, quand l'affec-
« tion et le devoir sont en lutte, puisqu'il faut que le
« devoir l'emporte. — Celui qui écrit ces lignes a pu

« compatir, parce qu'il a connu aussi cette douleur de
« rencontrer au carrefour, au milieu de ces épaves
« humaines, sa mère, dont les yeux le cherchaient et
« qui le conjurait avec larmes d'arrêter sa course. Il dut
« s'arracher de ses bras. Il eût été fier d'accompagner ces
« jeunes gens vainqueurs ; vaincus et malheureux, il
« devait partager leur destinée... »

Ces extraits n'auraient pas fait connaître tout l'homme, ils ne donneraient pas surtout de son livre une idée complète et exacte, si je ne disais un mot de son caractère enjoué, de l'entrain et de la belle humeur dont plusieurs des anecdotes qu'il renferme sont empreintes. Je ne puis, quoiqu'elle ait déjà été reproduite ailleurs, résister au désir de copier la jolie aventure que voici :

« L'aumônier vient d'entrer dans un poste de son régi-
« ment, lorsque y pénètre une grande jeune fille au
« maintien équivoque, qu'un examinateur plus expéri-
« menté eût facilement prise pour une aspirante canti-
« nière.

« Elle avait en effet à la main une bouteille dont la
« couleur trahissait le contenu et se disposait à en offrir
« autour d'elle. Mais nos mobiles n'approchaient point.
« Me regardant d'un air assez piteux, ils ne répondaient
« pas du tout à ses avances.

« Elle avait bien jeté de mon côté un œil inquiet ;
» mais ma barbe déjà longue et mon manteau de caout-
« chouc me faisaient facilement prendre pour un officier.

« Et l'embarras des hommes allait croissant.

« Afin de sortir de cette position avec honneur, je me
« levai, et, prenant les plus gros yeux : « Mademoiselle,
« lui dis-je, vous vous êtes trompée d'adresse, les mobiles
« du 23ᵉ sont des garçons fort bien élevés. Je crois que
« vous perdez votre temps. »

« Un petit caporal, de la mine la plus avenante et
« affectant un air sérieux qui donnait une envie terrible
« de rire, s'avance : « Mais, mon aumônier, si on la fai-
« sait reconduire à son père ?... — Vous la connaissez
« donc ? — Mais oui, c'est la fille du sacristain de X... »
« Et les mobiles ajoutaient : « Certainement, c'est pas
« nous qui *l'attire*... » — « Du sacristain ! mais c'est
« très-grave cela, Mademoiselle. Vous devriez donner le
« bon exemple à la paroisse. — Sergent, renvoyez donc
« Mademoiselle par le caporal et quatre hommes chez son
« père ; qu'on dise à celui-ci de lui donner le fouet et
« qu'elle ne revienne plus. »

« Aussitôt fait que dit. Quatre hommes mettent rapide-
« ment sac au dos, baïonnette au bout du fusil et « en
« avant ! »

« Arrivés au bout de la cour qui donne sur le village,
« le petit caporal, résolu comme un vieux troupier, crie
« halte ! » et revient à moi.

« Une main à son képi, et, de l'autre, frisant sa petite
« moustache noire du même âge que ses galons : — « Mon
« aumônier, permission, s'il vous plaît, de donner le
« fouet nous-mêmes. — Cela, mon caporal, c'est au-
« dessus de mon pouvoir ; c'est une fonction essentielle-
« ment paternelle. » Cette histoire eut bientôt fait le tour
du pays.

« Le curé de la paroisse m'assura que je lui avais rendu
« un vrai service en faisant donner, en passant, une
« leçon bien méritée.

« On la raconta à la brigade, et un officier d'état-
« major, que je rencontrai peu de temps après, me dit :
« On se demande, Monsieur l'aumônier, si vous affirme-
« riez bien que le châtiment n'a pas été infligé par vos
« hommes ? — « Mon lieutenant, assurez bien le général
« qu'au 33ᵉ on ne connaît que la consigne. »

N'est-ce pas que ce récit est lestement troussé et qu'il forme un agréable intermède aux actes du drame dont ces enfants allaient être plusieurs mois encore les acteurs improvisés ? Il y a plus d'une histoire dans cette gamme. Je ne signalerai que celle de Saint-Péravy-la-Colombe (*Sanctus Petrus in viâ Colombarum*), beaucoup moins longue à lire dans le volume de M. Morancé qu'à citer dans un compte rendu, et je terminerai sur un dernier emprunt qui me fournira le cri de l'Espérance. Il s'agit de Loigny :

« Les lieux et les choses prennent un aspect lugubre,
« qui se grave dans l'esprit, quand le cœur est malheu-
« reux.

« Deux fois depuis j'ai revu cette plaine, à deux grands
« anniversaires, le 2 décembre 1871, et le 9 novembre
« 1872. Le temps était le même. Elle avait le même air
« funèbre, et les mêmes ormeaux rabougris bornaient çà
« et là l'horizon. Je sais bien qu'au printemps l'herbe y
« pousse, parsemée de fleurs sauvages, mais je ne puis

« me rendre compte de la beauté que lui donne sa riche
« parure de moissons. Il me semble plutôt que sur elle
« devraient s'accomplir les paroles de David pleurant la
« mort de Jonathas : *Montes Gelboe, nec ros nec pluvia
« veniant super vos...* Mais Dieu a des miséricordes qui
« sont inconnues des hommes ! »

J'ai dit en commençant que ce livre venait tard.
Il arrive à propos. A l'heure où les monuments
commémoratifs d'Auvours et de Pontlieue, presque
achevés, vont recevoir dans une pieuse et solennelle
inauguration les hommages de ceux qui se souviennent, il ramène la pensée, trop prompte à s'en laisser distraire, vers les terribles leçons d'un passé si
près de nous.   Emile SOUVIGNÉ.

V

GAZETTE DE FRANCE, 31 MARS 1874.

Les derniers événements dont nous avons été
victimes ont donné naissance à une littérature particulière, qui n'est ni celle de l'histoire, ni celle des
mémoires. Un nombre considérable d'œuvres ont
raconté les péripéties de notre lutte avec la Prusse,
non pas en se plaçant au point de vue militaire ou

bien politique, mais racontant au jour le jour ce qui s'était passé dans tel corps d'armée, dans tel régiment, dans tel bataillon. Plus tard, l'histoire puisera largement dans ces recueils, où l'on rencontre des faits militaires, des vues politiques, semés çà et là sans ordre et sans méthode, et dont l'authenticité est certifiée à chaque page par des témoins intéressés à ne laisser subsister aucune erreur. Mais c'est l'anecdote qui règne le plus incontestablement dans ces sortes d'ouvrages ; l'anecdote émue ou enjouée, pleine de tristesse ou de gaieté, mais toujours patriotique et française. Il devait en être ainsi.

Le calme ne s'est pas fait suffisamment dans les esprits pour que l'on puisse apprécier sainement, et juger avec l'impartialité de l'histoire, les causes multiples qui ont amené nos désastres, et les passions politiques qui divisent les partis en France, sont trop vives et trop surexcitées pour que l'on puisse facilement chercher la vérité dans le dédale inexploré des récits intéressés et contradictoires.

L'anecdote, au contraire, l'anecdote authentique devait avoir un véritable succès et un succès mérité. Chacun est heureux de retrouver dans un livre les étapes qu'il a parcourues, les compagnons d'armes avec lesquels il a souffert et combattu, ceux surtout qu'il ne doit plus rencontrer ici-bas et qui ont payé de leur sang leur dette à la patrie.

Parmi ces livres de biographies locales, il en est

un qu'on ne peut lire sans intérêt. Il a pour titre : *Un Régiment de l'armée de la Loire*, notes et souvenirs, par l'abbé Charles Morancé, aumônier du 33º mobiles de la Sarthe, chevalier de la Légion d'honneur.

C'est sur le champ de bataille que l'auteur a gagné la croix qu'il porte sur sa poitrine. Il a suivi le 33e mobiles dont il écrit l'histoire dans toutes les phases de sa laborieuse campagne. C'est un témoin oculaire qui parle, et il parle comme il sent ou plutôt comme il a senti. A chaque page, on reconnaît celui qui a vu ce qu'il raconte, et, dans la joie comme dans les larmes, à l'ambulance comme sur le champ de bataille, on croit entendre cette parole : Ceci, j'y étais et je l'ai vu. C'est un récit vrai où se peint dans tous ses détails et dans ses mille nuances délicates le caractère français. La vie de ces soldats improvisés qui furent l'armée de la Loire, diffère sous bien des rapports de celle des armées régulières, et s'il y a moins d'expérience, moins de fermeté après une défaite, on y trouve cependant partout et toujours le même entrain, le même courage et le même amour de la France.

M. l'abbé Morancé a su éviter un grave écueil dans son livre : celui de raconter par le menu les opérations militaires et les mouvements stratégiques des batailles auxquelles il a assisté. Il dit où était placé son cher 33e, ce qu'il a fait, les vaillantes luttes qu'il a soutenues, les pertes qu'il a subies, les actes d'héroïsme qui se sont accomplis sous son drapeau; mais point de stratégie, et nous l'en remercions, — cette partie revient aux hommes spéciaux. A chacun sa compétence. Nous savons, hélas! que si les avocats dirigent quelquefois les armées, ils y obtiennent les succès qu'obtiendrait un sourd-muet dans la direction du Conservatoire.

L'auteur de notre livre n'a point non plus oublié la partie morale et religieuse qui était de sa compétence. Si l'on sent toujours le souffle patriotique et français dans ses récits, on n'oublie jamais le prêtre, celui qui compte la vie comme peu de chose et dont le principal but est d'assurer le bonheur de celle qui sera plus longue là-haut. A tous les points de vue donc, le livre de M. Morancé est un bon livre. Les habitants de la Sarthe éprouveront à sa lecture le charme d'un récit du foyer domestique. Les mobiles du 33ᵉ y trouveront pieusement recueillies les larmes qu'ils ont versées mêlées avec leur sang, et tous nous diront qu'avec de tels hommes, la France des batailles et des victoires se retrouvera quand la main de Dieu, qui s'est appesantie sur elle, cessera de nous punir, quand nous serons revenus à ces sentiments de foi catholique qui permettaient à Dieu de gagner pour nous des batailles : *Gesta Dei per Francos.*

Christian de COULONGE.

VI

UNIVERS, 1er JUILLET 1874.

Un Régiment de l'armée de la Loire : Notes et souvenirs, par l'abbé Charles Morancé, ancien aumônier du 33e mobiles de la Sarthe. Plusieurs aumôniers ont publié leurs souvenirs de la guerre de 1870-1871, et leurs ouvrages ne sont certainement pas les moins intéressants sur cette époque. Le livre de M. l'abbé Morancé tiendra parfaitement sa place dans cette collection. Les mobiles de la Sarthe ont eu, à l'armée de la Loire, un rôle des plus honorables; leur aumônier les a suivis depuis le commencement de la campagne jusqu'à la fin ; il a vu bien des épisodes et il les raconte bien ; la note chrétienne, et par conséquent consolante, domine tout naturellement, et si cette lecture attriste, elle n'accable pas ; derrière les douleurs du présent, on voit les grandeurs de l'avenir; on espère le relèvement de la France, redevenue chrétienne sous l'épreuve.

M. l'abbé Morancé a dédié ses notes et souvenirs aux officiers et soldats du 33e mobiles, et le livre se vend au profit des soldats blessés. On s'associe donc à une bonne œuvre, en même temps qu'on achète un ouvrage intéressant.

VII

MÉMORIAL DES PYRÉNÉES

20 DÉCEMBRE 1874 (1).

La grande tragédie guerrière de 1870 a trouvé des historiens en attendant son historien. Presque tous les chefs des corps d'armée ont enregistré leurs faits militaires et préparé ainsi des matériaux pour l'œuvre à venir. Mais leurs écrits, instructifs plutôt qu'attrayants, ne sont pas tombés, à tort ou à raison, dans le domaine vraiment public. Ceux qui viennent y chercher à travers le prisme palpitant de leurs propres souvenirs les poignantes émotions de l'héroïque épopée, ceux-là se trouveront souvent désappointés par la laborieuse nomenclature et les considérations purement stratégiques qu'ils y rencontrent, et qui y sont cependant — ajoutons-le — entièrement à leur place.

Le roman, d'un autre côté, qui a pris son scénario dans ces derniers événements, ne peut qu'aller

---

(1) Lorsque parut cet article du *Mémorial*, l'édition était entièrement épuisée.

au devant des mêmes mécomptes. La perspective littéraire y manque encore, et il y a toujours entre l'imagination la plus féconde et la réalité tragique un certain écart au détriment de la première Le roman *anti-allemand* doit nous paraitre, à l'heure actuelle, nos propres impressions aidant, déplacé, pâle ou mal fait.

Il y a cependant, entre les ouvrages secs et techniques de nos généraux et la fiction rouge et échevelée de quelques romanciers pressés, il y a un ordre de publications à même de satisfaire et nos exigences du vrai, et notre goût pour le coloris. La réalité s'y fait pittoresque et la draperie y couvre un organisme vivant.

Nous parlons des mémoires, des notes, des souvenirs de tous ceux qui ont joué un rôle quelconque dans une des innombrables rapsodies de la dernière guerre. C'est à eux que la parole devrait être accordée toute franche, car ce n'est que de leurs impressions et de leurs souvenirs que peut jaillir la grande, la vraie vérité, celle qui changera ces vagues aspirations et nos stériles regrets en clartés lumineuses et en forces productives. L'œuvre que nous apportent ces témoins immédiats a beau ne pas être pétrie dans le moule littéraire correct et parfait, sa saveur n'en est que plus piquante. La vraie originalité s'y fraie une route vers l'estime générale et la conquiert en lui apportant, non un écho affaibli de l'opinion publique, mais sa voix elle-même.

Nous avons justement devant nous un de ces ouvrages et nous voudrions fixer sur lui l'attention des lecteurs. C'est l'histoire intime d'un régiment de mobiles (33e de la Sarthe), de l'armée de la Loire, racontée par son aumônier, l'abbé Ch. Morancé. Voilà un livre comme il en faudrait beaucoup.

Ce ne sont — nous dit l'auteur — « que des notes écrites par intervalles, sans liaison, pour marquer nos anniversaires, souvenirs du champ de bataille, du bivouac et de l'ambulance. » Par intervalles, oui; mais non sans liaison, j'en demande pardon à l'auteur. Il y a, au contraire, un lien visible, puissant, qui unit toutes les pages de son livre. C'est son ardent amour de la patrie, ce patriotisme profond et calme, qui n'a rien d'un énergumène et tout d'un prophète, patriotisme illuminé par la foi, trempé dans les larmes, sanctifié par le dévouement. On se chauffe à ce foyer lumineux et je ne crains pas de le dire, on en sort meilleur.

C'est une émouvante histoire que nous raconte l'abbé Morancé. Nous assistons, grâce à lui, au départ d'un régiment de mobiles pour la défense du sol natal, nous l'accompagnons à travers les difficultés de la première organisation et les déboires d'un début décourageant, au milieu de ses souffrances encore nouvelles et devant rester toujours les mêmes ; nous le suivons dans ses héroïques efforts, dans ses succès grandioses, comme celui de Coulmiers, mais, hélas, éphémères, et dans ses défaites, comme celle du Tertre-Rouge, plus émouvantes encore; nous sentons aux battements redoublés de notre cœur la tragique douleur de la journée du Mans, et le sombre crépuscule de l'expiation.

Ce livre, simple et généreux, nous fait vivre jour par jour, heure par heure, dans ce milieu sain et mouvementé de nos *moblots*.

Mais si nous pleurons de leurs larmes et saignons de leurs blessures, nous avons aussi la consolation de pouvoir sourire avec eux. Il se trouve dans ce volume plusieurs de ces anecdotes piquantes et gaies qui nous montrent la vie des camps sous son autre aspect, et non moins curieux : c'est la note de l'éternelle gaieté, de la fière insouciance, de l'imprévu pittoresque qui accompagnent le soldat français partout et toujours. C'est le frais rayon du soleil qui se glisse au milieu d'effroyables ténèbres.

Je ne veux pas toucher de ma plume profane à ces pages du livre où le rôle personnel de l'aumônier apparaît à nos yeux émus malgré les efforts de l'auteur de le laisser dans une pénombre discrète. Il y a des dévouements qu'on ne célèbre pas : on s'incline devant eux !...

Nous finirons par où nous avons commencé. Tous ceux qui, malgré le courant absorbant de la vie quotidienne, ont le courage de se retourner en arrière et de puiser dans les souvenirs de la veille des forces et des enseignements pour l'heure présente, tous ceux qui ne craignent pas de regarder face à face l'image sereine de la patrie, tous ceux là peuvent prendre le livre de l'abbé Morancé. En le déposant, ils prendront congé d'un ami.

Comte E. DE NÉCARDA-TREPTIA.

FIN

TABLE DES MATIÈRES

Avant-propos.		1
Dédicace		11
Préfaces des éditions précédentes		13
Chap. I.	De Blois à Marchenoir, par Vendôme	35
II.	De Marchenoir à Blois. — De Blois à Marchenoir. — Petit Séminaire Saint-François. — Écoman. — Morée. — Jusqu'à la bataille de Coulmiers	47
III.	Coulmiers	71
IV.	Boulay-Bricy. — Saint-Sigismond. — Du 10 novembre au 1er décembre.	91
V.	Loigny. — Guillonville. — 1er et 2 décembre 1870	117
VI.	Saint-Péravy. — Fuite dans le bois. — Le mobile du 75e. — Le baptême. — Coulmiers. — Cravant. — Josnes. — Lorges	145
VII.	Villorceau. — Combats autour de Beaugency. — Vendôme. — Jusqu'au chemin aux Bœufs	175
VIII.	Chemin aux Bœufs. — Changé. — Les Arches. — L'Épau. — Le tertre de Changé. — Le Tertre-Rouge	195

Chap. IX.	Pontlieue. — Le Mans. — 12 janvier 1871. — Saint-Jean-sur-Erve. — Laval. — L'expiation	225
X.	Andouillé. — Scorbé-Clairvaux. — La Barbinière. — Jusqu'au retour . . .	259
Appendice I.	. . . .	287
— II	. . . .	305
— III	. . . .	323

FIN DE LA TABLE.

LE MANS. — TYP. LEGUICHEUX-GALLIENNE.

www.ingramcontent.com/pod-product-compliance
Lightning Source LLC
Chambersburg PA
CBHW050536170426
43201CB00011B/1447